アルバロは、スペインの法律家ラモン・デル・ポルティーリョとメキシコの地主の娘クレメンティーナ・ディエス・ソリャーノの8人の子どもの3番目として生まれた。子どもの頃、母親から学んだ祈りを、後年になってもしばしば唱え続けた。

内乱当時、教会が迫害されている地域から脱出するためのパスポートに使用するために撮影したと思われる写真。

少年の頃、アルバロは活発さが災いして時々問題を起こすこともあったが、弟や妹に対してとても親切で、一生を通じて、彼らに心底から関心を示し続けた。

スペインの工学専門学校の卒業生は高等官僚として礼装を着用した。1943年、聖十字架司祭団の結成許可を聖座から得るためにバチカンに行った時、アルバロはこの礼装を着用した。

1944年6月25日、マドリード司教によって司祭叙階。オプス・デイの最初の司祭は全員がエンジニア。左から、アルバロ・デル・ポルティーリョ、ホセ・マリア・フェルナンデス・ガルニカ、ホセ・ルイス・ムスキス。

叙階の翌日、ホセマリアはドン・アルバロに祝別を願った。以来、ドン・アルバロはホセマリアの聴罪司祭を務めた。

ドン・アルバロとホセマリアは、ヨーロッパの各地でオプス・デイを始めようとするメンバーを訪問し、また使徒職活動の基盤を築くため、まだオプス・デイのメンバーがいない国を車で回った。1949年、アルプス訪問。

1950年代後半、ドン・アルバロは数回にわたって長期間、ホセマリアの英国訪問に随行。創立者の二番目の後継者、ハビエル・エチェバリーアと共に聖トマス・モアの頭が祭られているカンタベリーにある聖ダンスタン教会を訪れた。

1950年代、聖マリア・ローマン・カレッジで学び、創立者から直接オプス・デイの精神を学ぶためにヨーロッパ、北米、南米から若い女性がローマを訪れた。ホセマリアが彼女たちに会う時は、ドン・アルバロに同行するように頼むのが常だった。

ドン・アルバロは、ローマを訪れたホセマリア、ホセ・ルイス・ムスキス、ホセ・マリア・フェルナンデス・ガルニカと共に叙階25周年を祝った。

1975年、グアテマラを訪問中、霊名の福者アルバロ・デ・コルドバの祝日に、ホセマリアはアルバロに拍手を送った。

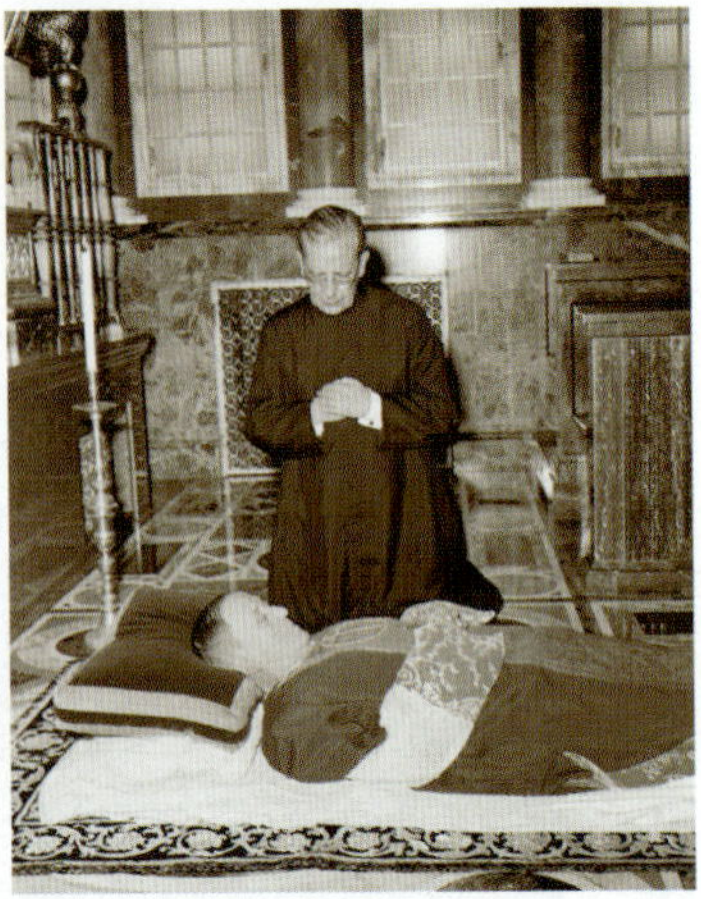

創立者の突然の死は、35年間、生活を共にしてきたドン・アルバロにとって大きな打撃であった。その大変な時期、オプス・デイの他のメンバーをサポートするために彼は涙をのみ、落ち着きを保っていた。(上)

創立者の死で、何十年もの間、分身のようであったドン・アルバロは、突然、5大陸に住む6万人の男性、女性から成る大家族の父として、注目されていることに気づいた。(左)

総長選出後2週間も経たないうちに、ヨハネ・パウロ二世は、ドン・アルバロと彼の二人の側近、ハビエル・エチェバリーア神父とホアキン・アロンソ神父を、正式な謁見としてではなく、教皇の言葉を借りれば、家族の集まりとしてバチカンへ招待。

1980年8月、ダブリンのナラモア・レジデンスの外で8歳の少年がドン・アルバロにバラを一輪手渡し、聖櫃の横に置いて欲しいと頼んだ。

1982年11月30日、ドン・アルバロはオプス・デイ属人区長教会、平和の聖マリア教会で教皇様が属人区を設けられたことに対する感謝のミサを捧げた。彼はこの意向のために何十年にも亘って祈り続け働き続けてきた。(上)

ドン・アルバロは二人の側近、エチェバリーア神父とアロンソ神父と共に、しばしば聖母に捧げられた教会を訪れた。1983年の元旦に、聖マリア・マッジョーレ大聖堂を去る時の写真。(右上)

旅行中、ドン・アルバロは講堂やスタジアムでの大勢のグループだけでなく、社会のあらゆる階層の人たちと会った。これは1983年の写真。(右下)

1983年6月、ドン・アルバロは米国を訪問中、ニューヨークのハンター・カレッジで多数のオプス・デイのメンバーや協力者と懇談。彼は結婚について長時間話し、夫婦は欠点を受け容れてお互いに愛し合うようにと激励した。

ドン・アルバロは病人、特に子どもに対して特別な愛情を示した。健康診断や受診のためにナバラ大学附属病院に行く時には、入院中の患者や、特に重病の子どもたちを見舞った。

会話は短くても、忙しいとか他の人が一緒にいるなどを理由に、話している相手から注意をそらすことはなかった。

毎年、復活祭にはオプス・デイのセンターとつながりのある何千人もの学生が、UNIV国際学生大会に参加するために、世界中からローマへと集まる。教皇との謁見とオプス・デイの属人区長との団らんは、この旅行のハイライトであり、幸運な学生は属人区長と対面した。この写真は日本から参加した人たち。

1989年4月、ケニアのナイロビにての団らんの最初に、ドン・アルバロは長老として任命され、槍と盾を授与された。

ドン・アルバロは、行く先々で家族と会う時間を作った。これは、1989年、ケニアのナイロビ。

1989年、コートジボワールでのオプス・デイの使徒職活動は開始後10年も経っていなかったが、ドン・アルバロが訪問した時は、多数の人たちが彼に会うことを希望し、団らんの会場にアビジャン最大の講堂を手配しなければならなかった。

ドン・アルバロは、1991 年 1 月 6 日ご公現の祝日に、聖ペトロ大聖堂で、ヨハネ・パウロ二世によって司教に叙階された。彼は、司教叙階を「オプス・デイの長に聖霊が注がれ、聖徒の交わりによって、オプス・デイのすべての人にも、何らかの形で、聖霊が注がれました。世界中でオプス・デイを動かすことになるでしょう。叙階は神からの偉大な贈り物」と表現。

1994 年 3 月 22 日、聖地巡礼の最終日、ドン・アルバロは、イエスが最後の晩餐を祝った高間の教会でミサを捧げた。3 月 23 日早朝に帰天したので、これが最後のミサとなった。

ヨハネ・パウロ二世は、並々ならぬ敬意と愛を示し、通夜のためにオプス・デイ属人区長教会に駆けつけられた。

# サクスム

## アルバロ・デル・ポルティーリョの生涯

ジョン・F・カヴァデール 著
宮代 泰子 訳

教友社

リン・カヴァデールを偲んで

表紙写真：1992年5月18日、聖ヨハネ・パウロ二世と福者アルバロ・デル・ポルティーリョ
Osservatore Romano ©Communications Office of Opus Dei in Rome

目　次

# 文献について

ドン・アルバロの生涯に関して出版された文献の中でハビエル・メディナ・バヨ著の八百ページにわたる伝記 *Álvaro del Portillo. Un hombre fiel*（Madrid: Ediciones Rialp, 2013）が最も重要な情報源でした。

また *Álvaro del Portillo*（New York: Scepter Publishers, 1999）という題名で出版された英語版のサルバドール・ベルナル著の *Recuerdo de Álvaro del Portillo, Prelado del Opus Dei*（Madrid: Ediciones Rialp, 1996）、さらにウーゴ・デ・アゼヴェード著の *Missão cumprida: biografia de Álvaro del Portillo*（Lisbon: Diel, Ltd., 2008）も大変参考になりました。

オプス・デイの属人区長ハビエル・エチェバリーア司教様には、私の質問に随分と時間を割いてご回答いただき大変感謝しております。ドン・アルバロの書信および彼を知っていた人々の証言を探し求めるためにオプス・デイ属人区の保管文書局で研究中、指導してくださいましたフランシス・カステルズ神父様にも感謝しております。

マリア・ユージニア・オサンドン女史は、彼女の記事 Los encuentros entre mons. Alvaro del Portillo y Juan Pablo II（出版予定の *Studia et Documenta* のレビュー）の原稿を使用することを許可してくださいました。記事にはドン・アルバロと教皇ヨハネ・パウロ二世との関係について貴重な情報が盛り込まれていました。

本書に述べられている特定の事実についてさらに情報を希望される読者の方は、直接、著者宛にEメールでお問合せください。Eメール coverdale.john@gmail.com

# 序章

一九九四年三月二十三日の夕方、教皇ヨハネ・パウロ二世は、早朝に帰天したオプス・デイの属人区長アルバロ・デル・ポルティーリョ司教の通夜のためにローマにあるオプス・デイ本部を訪ねてこられました。[1]

通夜が行われていた「平和の聖母属人区長教会」で、教皇ヨハネ・パウロ二世は跪いて十分間祈られました。教皇様が立ち上がられた時、オプス・デイの属人区長総代理が、慣例として唱えられる「死者のための祈りを唱えてください」とお願いしたところ、むしろ「天の元后の祈り」を唱えることを好まれ、続いて「栄唱」を三回唱え、「永遠の安息を彼に与え給え。安らかに憩われんことを」と祈られました。オプス・デイを代表して属人区長総代理が、通夜に来られたことに対して感謝の意を表明したところ、教皇様はイタリア語で「来なければならなかったのです。どうしても来なければならなかったの

1　オプス・デイとは「神の業」という意味で、普通「オプス・デイ」と呼ばれます。

です」とお答えになられました。

なぜ教皇様はアルバロ・デル・ポルティーリョ司教の通夜に来なければならないと感じられたのでしょう? 友情がその主な理由だったかも知れません。ドン・アルバロは生涯にわたって、深い友情を示していました。そして長年にわたり、教皇ヨハネ・パウロ二世は彼を個人的に親しい友人の一人として頼りにしておられたのです。もう一つの動機として考えられるのは、ドン・アルバロは、生涯を通して教会に長年仕えてきましたので、それに対する感謝の意だったのかも知れません。オプス・デイの創立者である聖ホセマリア・エスクリバー神父は、オプス・デイが唯一望むことは「教会が望むとおりに教会に仕えることだ」としばしば語っていましたが、ドン・アルバロはその教えを十分に学びとっていました。彼には天賦の才能があり、教会に仕えるためにそれらの才能をすべて発揮しました。

最後に考えられる理由は、教皇ヨハネ・パウロ二世はこの聖なる人に敬意を表そうと思われたからかも知れません。ドン・アルバロは一生を通じて、物静かで、感動するほどの深い信仰、希望、愛という偉大なキリスト教的徳だけでなく、同時に男女を問わず傑出した人間にならしめる自然徳を備えた人物でした。彼は、剛毅、忍耐、謙遜、他人への思いやり、愛情を示しました。とりわけ、生涯、忠実の徳が際立っていましたが、それは神への忠誠、オプス・デイとその創立者への個人的な召し出しに対する忠実さに反映されていました。一九三五年にエスクリバー神父に出会って以来、一九七五年の帰天に至るまで、揺らぐことなく創立者を支え続けたのです。エスクリバー神父帰天後の二十年間は、オプス・デイの長として、神のみ旨として理解していた創立者の精神への忠実を完全に守り続けました。

ドン・アルバロの人生は、日常の生活での出来事を神へ近づく機会とし、他人をも神へ近づかせるという教えの延長線のようなものでした。それは聖性およびキリスト教的徳というのは、堅苦しいどころかむしろ喜びや幸せの源だというメッセージです。明るく、自己を捧げ、自己を忘れて神に仕えることによって効果が実証されるのです。

エスクリバー神父はドン・アルバロ[2]のオフィスのドアに聖書の箴言から引用した一句"Vir fidelis multum laudabitur"(忠実な人は多くの祝福を受ける)を彫り込んでいました。彼の一生は、誰でもそれぞれの召命により忠実になるように模範を示したのです。私たちの人生が彼の状況とはどんなに異なっていても、アルバロの忠実さの模範や他の諸徳は、私たちにすべてを語りかけます。

---

2　スペインでは、司祭とか年長者、特に敬愛されている人に対して、ファーストネームの前に「ドン」とつけるのが一般的です。オプス・デイのメンバーはかなり早い時期からアルバロを「ドン・アルバロ」と呼び始めました。

# 第一章　人生の意味を見出す

一九三五年三月のある日、アルバロは、当時マドリードの学生の間で知られつつある若い司祭、ホセマリア・エスクリバーについて、聖ヴィンセンシオ・ア・パウロ会に関わっている何人かの学生たちと話す機会がありました。アルバロを聖ヴィンセンシオ会に紹介したマヌエル・ペレスが彼をエスクリバー神父にも紹介しようと申し出たのです。三〜四日後、マヌエルはフェラス通りのＤＹＡレジデンスに連れて行きました。当時はそれが唯一のオプス・デイのセンター[3]でした。アルバロは、その若い司祭の明るさと、四年ほど前にアルバロの叔母が彼について話していたことをエスクリバー神父が覚えていたということに感銘を受けました。アルバロはバナナが大好きだったけれど、小さな子どもには発音するのが難しくて大変だったと、アルバロの叔母が言っていたことまでもエスクリバー神父は覚えていました。何にもまして、まだ学生であったアルバロのことをエスクリバー神父が真剣に考えていたことに対して、彼は感動しました。初回はわずか数分言葉を交わしただけでした。五日後に会う約束をしましたが、エスクリバー神父は約束を守れなかったのです。「彼は約束をすっぽかした」と後になってアルバロは述べています。エスクリバー神父はきっと緊急に病人の所へ行かなければならず、アルバロの電話番号を持っていなかったので連絡できなかったのだと推測しました。

アルバロは学期が終了するまでの三ヵ月間、エスクリバー神父に会おうともしませんでしたが、一九三五年七月六日、夏季休暇でマドリードを離れる予定日の前日、彼はしばしの別れを告げるためにDYAレジデンスに赴き、さまざまなことについて長時間話しました。帰り際に、エスクリバー神父は翌日に予定されていた黙想会に誘いました。アルバロは出発を遅らせることにして参加しました。

## オプス・デイ

エスクリバー神父が七月六日にアルバロに話した内容については定かではありませんが、おそらく七年前に創立したオプス・デイの精神について話したと考えられます。一九二八年十月二日に彼が受けた創立のビジョンで、神は、聖性への普遍的な招きについてのメッセージを伝え、教会内で、やがてはオプス・デイと呼ばれることになるこの組織を推進していく使命を与えられたのです。そのメッセージと

---

3　オプス・デイのセンターの形態と規模はさまざまで、典型的には、オプス・デイのメンバーの住居と聖堂があり、センター所属の司祭がいます。センターではさまざまな使徒職活動が展開されています。DYAは大学生寮で、マドリードのフェラス通りのいくつかのアパートに分かれていました。オプス・デイのメンバーとその他マドリード大学の学生のために、家庭的な雰囲気の住居と食事を提供していました。キリスト者らしい生活を送るように講話がなされるだけでなく、黙想会、長期黙想会などが聖堂で行われました。さらに法律、建築、その他の教科も指導していました。

組織なるものは単一なる現実の二つの側面だったのです。組織の目標は、メッセージを広め、人々がそのメッセージを生きるように助けることでした。それは生活の中でメッセージを具現化し、言葉と模範によってそれを広めていくという召し出しを受けた人々から成り立つ組織なのです。

メッセージの中心は、キリストは数少ない選ばれた人だけではなく、すべてのキリスト信者に聖性を求めるよう呼びかけておられるということです。エスクリバー神父は単なる論理的な可能性としてではなく、実際に、すべての男性も女性も、全身全霊を捧げて神を愛し、己と同じように隣人を愛することができ、またそうできるように望むべきだと理解しました。言い換えれば、神は洗礼を受けたすべての人に完全な愛を実行するように呼びかけておられるという意味です。

同時にエスクリバー神父は、カトリック信徒の聖性への召命とは、司祭や修道士、あるいは修道女になることに結び付くのではなく、日常生活の中で聖性を求めることだとはっきりと理解していました。彼は、キリストはあらゆる被造物を救済し、聖化し、すべての男女が神への愛と隣人への愛という偉大な掟を、職場で、家庭生活の中で、またレクリエーションやその他の活動の中で実行していくことだと理解しました。あらゆる階層の人々が、ただ単に世間で生活しなければならないにもかかわらず……ということではなく、まさに生活しているその環境の中で、その活動を通して聖性へと招かれているのです。エスクリバー神父は彼の著書『道』に次のように書いています。「自らを聖化する義務がある。そう、あなたにもこの義務があるのだ。聖化は司祭と修道者だけの仕事だと、誰が考えるのだろうか。例外なくすべての人に、主は言われた。『あなたがたの天の父が完全であるように、あなたがたも完全になりなさい』」（『道』291）。

創立のビジョンは、エスクリバー神父に、聖性は個人的な追求ではないことを明確に示しました。それは使徒職、つまり他人をキリストに近づけさせる努力と密接に結び付いているのです。すべてのカトリック信者は一人ひとり、他の人がキリストを知り、キリストを愛し、そしてその教えが彼らの生活に溶け込んでいくのを助けるように召されているのです。さらに友人や親戚、仲間たちが、より深みのある、よりキリスト者らしい生活を送るように助けるこの努力は、毎日の仕事や日常生活における休息と切り離せるものではないのです。それどころか仕事、家庭生活、レクリエーションの場こそ使徒職の場であり、その手段でもあるのです。エスクリバー神父は次のように述べています。「キリスト信者にとって、使徒職は……日々の職業・活動に外部から付け加えられたものではありません。各自がそれぞれの身分において、日常の仕事を聖化し、その仕事において自己を聖化し、また職務の遂行に際して隣人をも聖化しなければならないのです」。

オプス・デイの創立当時、多数のカトリック信者は、よりキリスト教的な社会を築く方法を求めていました。キリスト教的価値観に誘発された社会活動や市民活動を推進するカトリック・アクションやその他の団体を結成しようという動きがありました。しかしながら、エスクリバー神父が受けたメッセージは、社会構造の変革が中心ではなく、カトリック信者が日常生活の中で、聖性を求めるように真剣に努力するよう励ますことでした。彼の見解では、社会構造の変貌と、より公正な社会の発展は、期待され、歓迎され、結果として望まれることでしたが、中心となるのは個人の聖化です。彼はその著書『道』の中で次のように述べています。「秘密。公然の秘密。すなわち、今日の諸々の世界的な危機は、聖人たちの不足という危機であるということ。人間活動の各分野で働く一握りの〈ご自分の〉人々を、神はお望みである。そのような人がいれば……、〈キリストのみ国におけるキリストの平和〉が実現する」（『道』301）。

エスクリバー神父が受けた創立のビジョンは、エスクリバー神父をはじめとして、教会内でそのメッセージを自らの生活に反映させ、他の人々も同様にするように具現化させることに専念する人々を必要としました。そのメッセージが伝えようとしていることは、教会の一部分――後にオプス・デイと呼ばれるようになるのですが――として、このメッセージを広め、人々が実行するように助けることなのです。

一九二八年のあの日、エスクリバー神父が見たとおり、オプス・デイに属することは、ある一定の期間、自分の時間と努力を捧げるといったものではなく、むしろ特別な神の召命に全面的に応えるという個人的な約束なのです。彼の言葉によると、「オプス・デイで神に自分を捧げることは、ある特定のことを実行することを選択するという意味ではなく、また私たちの時間の一部を他のことをする代わりに善行に打ち込むという意味でもありません。オプス・デイは、私たちの人生のすべてに影響を及ぼします。オプス・デイへの召し出しは自分の生活と言葉の模範によって、キリスト者として完徳を追求するという普遍的な召し出しであり、それを達成することが可能であるということをすべての人に伝えられるように『自分自身がオプス・デイであることによって、オプス・デイを実行する』ということです」。

オプス・デイ創立の恵みは、既婚者であろうと未婚者であろうとすべての境遇にある人々に及ぶものなので、エスクリバー神父は創立当初、広範囲の人々を対象として、オプス・デイを発展させようと努力していました。しかし、オプス・デイがすべての社会層に根を下ろすためには、まず、時間の大半を使徒職のために自由に捧げることができ、他者に神学的、霊的形成を与えることができる、中核的人材を育てることが必要だという結論に達しました。それで、世間の真っ只中《ただなか》で使徒的独身を理想とする生活が可能な大学生や、卒業したばかりの人々に目を向けました。これがまさにアルバロの召命を喚起することとなったのです。

おそらく自分がやがて司祭になるという考えなど、毛頭なかったでしょう。今日、オプス・デイでは、通常メンバーになって数年後、ごくわずかの独身メンバーは、オプス・デイの司祭として日常生活を聖化するという召命に生きるために、叙階されることを望むかどうかと属人区長から尋ねられます。しかし一九三五年には誰一人としてオプス・デイの司祭として叙階されることはありませんでした。エスクリバー神父自身はサラゴサ教区で叙階されていました。しかし、いずれは一般信徒のメンバーの中から司祭を叙階するようになるであろうという彼の信念を、当時、オプス・デイのメンバーの誰かに伝えていたかどうかについては定かではありません。ですから、アルバロがオプス・デイに加わった時、いずれ司祭になるという考えがあったとは考え難いことです。

## 福音のように古くて、福音のように新しい

一九三五年七月六日にエスクリバー神父がアルバロに説明したように、日々の仕事の中で聖性を求め、使徒職を行うという理想は、創立者がしばしば口にしていたように「福音のように古い」ことなのです。キリストご自身が、弟子たちに「あなたがたの天の父が完全であられるように、あなたがたも完全な者となりなさい」（マタイ5・48）と諭され、また聖パウロはテサロニケで初期キリスト信者に「実に、神

の御心は、あなたがたが聖なる者となることです」（一テサロニケ４・３）と語っていました。少なくとも、十七世紀初めに聖フランシスコ・サレジオ著の *Introduction to the Devout Life*（『信心生活入門』）が紹介されて以来、カトリック神学は、理論的に、一般信徒は神への愛と隣人への愛を完全なものにする、つまり、聖性を目指す熱心な霊的生活を送ることができると認識していました。

しかもエスクリバー神父の言葉では、そのメッセージは「福音のように常に新しい」のです。一般信徒が聖性を遂げることが理論的に可能であるということを否定する人はほとんどいなかったとしても、達成可能な理想として、聖性を提唱する人はさらに稀だったことでしょう。若い男女に見られる深い霊的生活、あるいは神に真剣に仕えたいという望みは、通常、司祭や修道者になるという召命の明確な兆しとして捉えられていました。一般信徒が日常生活の中で聖性を求めるように真剣に努力することを奨励する司祭はほとんどいませんでした。つまり一般信徒に最も期待されることは、せいぜい基本的な霊的義務と置かれた生活の中での義務を果たすことだというのが通説であったという事実を反映していました。世間の真っ只中《ままただなか》で聖性を求めるというのは、神学的な思索として興味深い見解であったかもしれませんが、滅多に説かれることもなく、積極的に求められることはほとんどなかったのです。事実、一九三〇年代半ばにエスクリバー神父からそれを聞いたほとんどの人は、その考え自体が異端か、そうでないとしても馬鹿げていると考えました。

## 神の呼びかけに応えて

しかしアルバロは、日常生活という背景で、つまりそれは彼にとっては土木工学技師として、神により近づくことを求め、他の人を神へ近づかせ、神に仕えることに一生を捧げる生活というビジョンにすっかり魅せられてしまいました。一九三五年七月七日（日曜日）の黙想会の間に、一人のメンバーが、オプス・デイに所属しないかと提案しました。アルバロはそれまでオプス・デイとはほとんど接触がなかったのですが、ある伝記作家が述べているように、彼は「神の呼びかけに耳を傾ける準備ができていました。家庭と学校でそれまでに受けてきたキリスト教的な形成、控えめだが強烈なほど敬虔な生活、困っている人のために働き仕えたいという望みが、エスクリバー神父の祈りと犠牲と相俟って、アルバロの霊魂を準備し、神聖な種を受け容れる肥沃《ひよく》な土壌《どじょう》とならしめたのです」。

このことはすべて真実ですが、教会の中で、名も知られていないできたばかりの組織の中で、使徒としての独身生活に一生を捧げるという素早い決断は、彼らしくありませんでした。彼は、少年時代から物事を慎重に決断することで知られていました。間違いなく、草創期のオプス・デイと密接に関係する特別な恩恵を受けたことは明らかです。彼自身が述べています。「明らかにそれは神の声でした。なぜならば、このような種類の召命は、これまで一度も考えたことすらなかったからです。私は工学分野で博士号を取得して、家庭を持つことについてのみ考えていたからです」。『主よ、ここにおります。私はオプス・デイに属したいのです』と応えるようにとの抗し難い決定的なお恵みでした」。

彼は決意を正式なものとするために、一九三五年七月七日に簡単な手紙をエスクリバー神父宛に書きました。冒頭は「親愛なる神父様」で始め、以下の内容に留めました。「神の業を知るようになり、私も所属する許可をいただきたく手紙をしたためています。私は、この決意を堅忍できるように私自身をあなたの祈りに委ねます」。

一九三五年七月にオプス・デイに加わり、やがて創立者に最も近い協働者となり、そしてやがては最初の後継者になることになった工学専門学校の学生とは一体何者だったのでしょう？

# 第二章　幼少期

アルバロ・デル・ポルティーリョは一九一四年三月十一日にラモン・デル・ポルティーリョとクレメンティーナ・ディエス・デ・ソリャーノの三番目の子どもとして生まれました。その後十三年間に、彼の両親はさらに五人の子どもに恵まれました。アルバロが生まれたのはラモン・デル・ポルティーリョが三十三歳の時でした。生粋のマドリード育ちで、セントラル大学（現マドリード大学の前身）で学び、スペインの大手保険会社の弁護士として働いていました。細身で洗練された物腰の紳士で、真面目な気質でしたが、気難しくはなく、穏やかな人柄でした。几帳面で、日々の出費とか子どもの体重や身長といった小さなことなどを注意深く記録していました。また、時間を厳しく守ることはよく知られていました。毎日昼食に戻ってくる時間で、時計を合わせることができるほどでした。必要な場合には、子どもたちを罰することはありましたが、それが原因で子どもたちが遠ざかるということはありませんでした。アルバロは後に、思い出して言いました。「主なる神は、私が父親と友だちになることを望まれました。それは、明らかに望ましくない友と交友関係を持つことから救ってくれたのです」。

当時の多数のスペイン人の男性と同様に、アルバロの父親も闘牛のファンでしばしば見物に行ったものです。闘牛場に行けない時は、ラジオに聞き入ったものです。父親に度々連れて行かれたアルバロは、牛への関心を受け継いでいました。若者らしく彼は友だち数人と闘牛の真似事をしました。興奮させるには十分な大きさでしたが、危険になるほど強くはない一歳牛とケープを使って闘いました。アルバロは生涯を通して、会話の中で闘牛用語をよく用いたものです。

アルバロが生まれた時、母親は二十八歳でした。彼女はメキシコシティ郊外の家族経営のプランテーションで育ち、乗馬が得意でした。ロンドンの聖心会（Society of the Sacred Heart）の学校で教育を受け、英語のみならずフランス語も学びました。スペインでの夏季休暇中、ラモン・デル・ポルティーリョと出会いました。

娘の話によると、「大変冷静な人で、非常に善良な人でした。しかし、必要な時には、驚くほどの力強さで決然と行動しました」。毎日ミサに与り、ベッドの傍らには *The Imitation of Christ*（『キリストに倣いて』）が置かれていました。彼女は早朝に起床し、犠牲の精神で水を浴びていました。

アルバロは両親から祈ることを学びました。朝の祈り、夕の祈り、食前の祈りの他、デル・ポルティーリョ家はしばしば家族でロザリオを唱えました。日曜日には家族揃ってミサに与り、その後、よくレティロ公園を散歩しました。公園ではラモンはよくポテトチップスとソーダを買ったものです。アルバロは七十五歳の誕生日に家族から受け継いだ宗教的な習慣についてこう語りました。「私の両親は信心深くなるように教えてくれました。母は私にイエスの聖心と聖霊への特別な信心を教え込んでくれましたし、カルメル山の聖母と呼ばれる聖母への特別な信心、そして、その他良いことをたくさん私に伝えてくれたのです！」。幾つになっても、アルバロは子どもの頃に習った単純な祈りを唱え続けていました。次のような祈りです。「甘美なる母よ、どこへも行かないでください、昼も夜もいつも私を見守ってください。私が行く所へどこまでも付き添ってください、そして絶対に私を独りぼっちにしないでください。私の本当の母親として、私を注意深く見守ってくださるのですから、父と子と聖霊である神のお恵みをお与えください」。

＊　＊　＊

一九一〇年のメキシコ革命の結果、アルバロの母の家族はメキシコの広大な土地の所有権を失ってしまい、スペインに引っ越しました。しかし経済的な後退はデル・ポルティーリョ家に即座には影響を及ぼしませんでした。弁護士としてのラモンの仕事のおかげと、相続財産による収入で、家族はマドリード郊外の最高級住宅地域の一つであるレティロ公園の近くのアパートで快適に暮らすことができました。しかしこのアパートは子どもが八人いる家族にとって十分な広さではなく、アルバロは二人の弟たちと寝室を共にしていました。

三歳の時にリウマチの兆候が現れたものの、概ね健康な幼児時代でした。いくらかずんぐりとして、いたずらっ子でした。家族同士で付き合っている、カイゼルひげを持つ友だちがやってきた時、アルバロはその訪問客の唇にチリ・ペパーをつけたいと父親にささやきました。そして、両親に禁じられたにもかかわらず実行したのです。父親は笑いを隠せなかったのですが、その訪問客は侮辱されたと感じ、決闘を挑んできました。また、ある時、アルバロは棒を持って兄弟姉妹を追いかけ回し、足をたたいて叱られたこともありました。

元気いっぱいで学校でも時々問題を起こしました。ある教師は、彼の性格を通知表に「道化師」と書きました。一方、他の教師は「やや荒っぽい」と表現しました。中には、大変怒って、足を捕まえて窓際まで運び、もう一度同じことをしたら投げ落とすと脅かした教師もいました。

## 早期教育

一九二〇年、六歳の時、十九世紀にフランスで創設された修道会、マリアニストが運営するピラール学院に入学しました。当時のスペインの学校制度は、七年間の初等教育とそれに続く三年間の高等教育でした。七年間の初等教育を終えた後、進学する生徒はごく稀でした。

ピラール学院では十年間の教育課程を提供していました。フランス語は学校生活において驚くほど重要で、子どもたちは、休憩時間中はフランス語を話すことが義務づけられていました。アルバロは、八年間ピラール学院で学ぶことになりました。年少の頃、彼はずば抜けて優秀な生徒でした。後になっても良い成績を修めはしましたが、AとBという評定で特別に優秀というわけではありませんでした。

アルバロは、子どもの頃から活発で意志の強い子どもでしたが、誰とでも仲良くできる性格でした。他人を助けるために自分を忘れて最後まで手伝い、非常に親切で理解を示していました。二年生の時、クラスの一人が意味もなく怒鳴り声をあげて、先生を怒らせ、先生は予定されていたレティロ公園へのクラス全員での遠足を中止にしました。当然ながらその少年はクラス仲間がどんな反応を示すか心配していましたが、「アルバロは微笑んで温かくゆるしてくれ、そこには彼の性格が滲み出ていた」と彼は述懐しました。

二十世紀初めのスペインの基準のもと、ピラール学院は、体育およびサッカー、体操、フェンシング、ホッケー、登山、テニスなどを含むスポーツにかなりの重点をおいていました。アルバロはスポーツに参加しましたが、休憩時間中は、時々友だちと話している方を好んでいたようでした。「サッカーチームでのポジションはディフェンスで、相手のフォワードに恐れられていた」とある級友が述べていますが、特別に運動が得意というわけではありませんでした。夏休みの間は水泳、乗馬、自転車、ヨットなどを楽しみました。

アルバロは十歳から十二歳にかけて、リウマチのために何度も苦しみました。医者は厳しい食事制限と飲みにくい薬の服用を義務づけましたが、彼はこの病気を明るくユーモアで受け止め我慢したのです。ある日のこと、彼の兄弟姉妹が、自分は食べることを許可されていないメキシコ風の朝食をとっている時、笑顔で「みんな本当にラッキーだね。僕がもらえるのは薬だけなのにみんなは卵焼きを食べられるのだから……」と言いました。

家での宗教教育はピラール学院でさらに補強されました。ミサは毎朝九時の授業開始前に挙げられました。ミサに出るのは義務づけられてはいませんでしたが、一九二一年五月十二日に初聖体を受けてからは、アルバロは定期的にミサに与ってご聖体を拝領しました。当時の教会法では、聖体を拝領するまでは、前日の真夜中から一切何も食べたり飲んだりすることができませんでした。ですから、アルバロは家族での朝食を楽しむことはなかったのです。ポケットに入れていた紙に包んだ一切れのパンが、ミサの後の彼の朝食だったのです。学校では、午前中におやつの時間が設けられていたのか、それとも午後二時半の昼食まで一切れのパンで乗り切らなければならなかったのかは、定かではありません。

彼の妹は次のように述べています。「年少の男の子が朝食ぬきで一日をスタートするのは難しいことです。それにもかかわらず、日常極めて当然なことであるかのように彼は毎日それをやってのけたのです。食事をしないで、笑顔で紙に包んだ一切れのパンをポケットに入れて家を出て行きました。『アルバロ、食べないの？』と私たちは彼に聞きました。『ううん。これで十分だ』と一切れのパンを指して応えました。少年の頃から、来る日も来る日もそうしたのです」。

アルバロは学校でも、十字架の道行などを含む信仰の業や集いに積極的に参加しました。後に彼はいくつかの聖歌を思い起こしていました。「十字架の道行の惨《むご》い最終留では、私たちはいくつかの節を歌いました。それは私の心に触れましたが、今も同じく心が痛みます。『万物の主よ、大きな石の下に横たわる。しかし喜びを持って世界は告げ、救いが示された』。実にそのとおりです。神は死す。私たちが生きられるように。神は葬られた。私たちがどこへでも行けるように。だから大地は救いの喜びを歌う」。

## キャリアの選択

スペインの学生は、アメリカの学生と比べると、より早い時期にキャリアの選択をしなければなりませんでした。三年間の高等学校の最初の一年は、皆同じ教科を勉強しましたが、その年の終わり頃になると、十四歳で生徒は文科系と理科系のいずれかを選択しなければなりませんでした。なぜならば初等教育も高等教育もアメリカより一年短く、高校を卒業して十六歳で大学に入学していたからです。アメリカでは、四年間の大学生活の後に医学とか法律とか専門を選択するのですが、スペインの学生は十四歳ですでに専門を決めなければなりませんでした。エンジニアになりたい学生は、さらにそれよりも早く、七年生に相当する学年を終了すると、しばしば十三歳で進路を決めていました。その理由は、スペインの教育界では、エンジニアは異常なほど高く評価されていたからです。一九二〇～三〇年代のスペインでは、おそらく最も名誉ある職業で、知的にも最も高いレベルを要求されるキャリアだったと思われます。とは言え、陸軍の兵役学校として始まった工学専門学校は大学の一部ではなかったのです。それゆえ、工学専門学校に入学するためには、大学入試に必要な高等学校の課程を修了することは義務づけられてはいませんでした。理論的には七年間の初等教育を修了した学生は、入学試験にさえ合格すれば誰でも工学専門学校に行くことができたのです。しかしその試験では、初等科はおろか高等学校で学ぶレベルをはるかに超えた科学および数学の高度な知識が要求されたのです。

ですから、工学専門学校を目指している学生は普通の高等学校には行かなかったのです。代わりに、数学、科学およびその他の教科で、工学専門学校の入学試験に合格するために必要な分野に重点を置き、レベルの高い教育を行っている私立のアカデミーに入学したものです。学生のほとんどは少なくとも二年間、多くの学生は四～五年間、こういったアカデミーに通ったものです。最終的には高等学校で学んだ同年齢の人よりも、数学および科学において抜きん出ていましたが、彼らは高等学校の卒業資格は得られませんでした。しかも、何年もの専門教育を受けてさえ、工学専門学校への入学試験はかなり厳しかったようです。

七年生を修了後、工学専門学校に進むか、または軍事アカデミーに進学しようとしていた十二人ほどのアルバロのクラス仲間は、三年間の高等学校には進学せず、どこかの私立アカデミーに進学することに決めました。しかしながらアルバロは、土木工学をキャリアとして決めていなかったことが窺《うかが》えるのですが、高等学校の最初の一年はピラール学院に留まりました。彼の父親は法律家でしたので、法学も選択肢の一つでした。後になって、彼は恥ずかしがりやで人前で話すのは嫌いだから、法律に進まないことに決めたと説明しました。彼は一人で仕事をできる分野が向いていると考えたようです。

高等学校の一年目、土木工学科への入学を試みる決心をしました。法律を選ばなかったという以外に、どのようにしてこのような決断に辿り着いたのかはわかりませんが、図面を描く才能があったことと、伝統的にピラール学院から多くの学生が土木工学に進んでいたという事実も決断の一要素だったかも知れません。

土木工学という彼の選択は、大胆不敵で、ある意味では不可解なものでした。彼が、悪名高いほど難しい試験に合格する確率はかなり現実離れしていました。毎年、申し込んだ学生のわずか四~五パーセントのみしか入学を許可されず、アルバロの成績を見ても、工学専門学校に入学するために要求される数学および科学の分野で決してずば抜けていたとは言えませんでした。高等学校に入学した最初の年、彼の数学の成績はCでした。七年生では物理学と化学はAでしたが、六年生の時は算数と地理はBでした。

おそらく決定は軽々しく行われたわけではないでしょう。それほど重要ではない決断をしなければならない時ですら、彼はよく「ちょっと考えてみます」と言ったものです。当時の彼を知っている親戚の人によれば、それはその場で決断しないことに対する単なる弁解ではなく、物事をよく考え抜くという真の決意を反映していたようです。彼の決断は、自信のほどが窺えると同時に一生懸命に努力するという決意を表明しているように思えました。

## 工学専門学校への入学準備

一九二八年秋、アルバロは十四歳で工学専門学校への入学試験の準備をするためにミソル・アカデミーに入学しました。彼がついに目標を達成したのは五年後の一九三三年でした。その五年間は主に授業と長時間にわたる勉学の毎日でした。

一九二八年九月二十三日、彼の兄は劇場に行こうと誘っていましたが、直前になって急遽、計画を変更しました。ところがその日、劇場では、公演中に火災が発生して、出口へと急いだ七十七人が焼死しました。それから三~四年後のある夏の日、アルバロは兄と彼の友人とともにモーターボートに乗りに出かけることになっていました。すでに彼らはボートに乗っていましたが、出発直前に兄は体調が悪くなり、彼は一緒に残りました。直後、突風が襲い、ボートは沈没し、一人を除いて他の友人は溺れたのです。アルバロは、当時、司祭になるとか修道者になるといったことは考えず、エンジニアになり、結婚して家族を養おうという計画を持ち続けていましたが、何か特別の理由があって神が彼の命を救われたのだと確信しました。

アルバロは、夏の休暇中も毎日ミサに与り、夕方帰途につく途中、聖体訪問をしました。聖ヴィンセンシオ・ア・パウロ会以外には、当時スペインで急増していたカトリックの団体に加わることもなく、ミサで侍者を務めることすらしませんでした。

神は、このように二度の死に瀕する劇的な出来事だけでなく、もっと小さな事を通して、アルバロが何かを感じるように仕向けられたのです。スペイン北部の海辺の小さな村での夏季休暇中、彼は美しい景色、特に広大な海の美しさの中に神の美を発見したのです。海を見、海岸から船を漕ぎ出し、彼は神と話し、このような美を創りだされた主に感謝しながら神に祈るようになったのです。「主が私の心の中に入り込まれ始めたのは、その時だったのです」と後になって語りました。

勉学にかなり時間をとらなければならなかったにもかかわらず、アルバロは弟や妹にも積極的に関心を示してパズルを手伝ったり、他の方法で楽しませたりしました。ある時、弟にポーズをとらせて何枚かの写真を撮り、数日後には彼が自分自身と握手をしているのを見せて喜ばせたりしました。それはデジタル編集ができる今の時代とは違い、何十年も前のことで、古いコダックのカメラでの編集は至難の業でした。

彼は忍耐強く兄弟姉妹に接しました。ある日、末の弟、カルロスがインク瓶をひっくり返し、アルバロが長時間かけて作成した図面を台無しにしてしまうという出来事がありました。帰宅したアルバロは、カルロスを膝にのせ、もっと責任ある行動をとるようにと諭しただけでした。カルロスは驚くとともにほっとしました。「私を叱る代わりに、その仕事がいかに重要だったかを説明しただけでした。それ以降、もっと注意深くなることを学びました」と後年、述懐しています。

## 入学試験

一九三二年の春、アルバロは十八歳の時、初めて土木工学および鉱山工学の入学試験を受けました。彼は鉱山工学の試験はかなり合格に近かったものの、どちらの学校にも入学を許可されなかったのです。学生がこの入学試験を数回、受験するのは珍しいことではなく、彼も土木技師になるという目標を棄てませんでした。しかし当時、世界大恐慌の初期、父親の経済的損失による困難に直面しており、家族を助けるために早く収入を得る必要を感じ、また、卒業後、公共土木事業省で働く資格を得られるので公共事業工学技術学校の二年半のプログラムを受講することに決めました。公共事業工学技術学校は土木工学の学校と同じビルにあり、教授陣も両校で指導していました。

一九三二年十月、アルバロはこの学校の入学試験に合格し、土木工学の再試験の準備にかなりの時間を費やしながら、工学技術の勉強を続けました。一九三三年の春、優、合格、落第という評点のうち、合格で工学技術の一年目の課程を修了しました。同時に土木工学の入学試験にも合格しました。受験者数五百四十九人中、二十三人の合格者のうちの一人でした。

一九三三年の秋、アルバロは公共事業工学技術の勉学を続ける一方、土木工学の一年目を開始しました。土木工学の授業は午前中で、工学技術の授業は午後のため両方を受講することは可能でした。しかししばらくして、いずれか一方を選択しなければならないと言われました。彼は土木工学の勉強をするために五年間準備していたのです。工学技術よりもはるかに地位のある仕事で、より高い俸給を得られることになるのです。しかし彼は経済的な面で家族を助けたかったのです。土木技師として収入を得るまでには五年かかるのに比べ、工学技師として職につけるのは一年余りでした。彼は土木工学の勉強を延期することにしたのです。

アルバロは、その後も工学技術の最終プロジェクトは、完了するまで続けなければなりませんでしたが、一九三四年秋には講義を修了しました。そのプロジェクトが完了したのは一九三五年一月でしたが、完了する前から土木工学の一年目を開始し、その後、数ヵ月で、政府官庁に就職が決まり、午前中は土木工学の勉強に励みながら、午後は仕事を続けました。

## 他の人を神に近づけさせる

学校からの帰り道、アルバロは同じ方向に帰る友人とよく話をしたものです。明らかに回心へと導くまでには至らなかったのですが、度々、彼は不可知論者だと言う人と宗教について話しました。その後、何年か経っても、二人の友人とは文通を続けており、アルバロはいつも手紙に「私のために祈ってください」と書いていました。アルバロに宛てた彼の友だちからの最後の手紙に、「心配ご無用。家族はあなたのために本当に祈っています」と書いていました。この人は死を前にして秘跡を受けました。

土木工学の学校での同僚であったマヌエル・ペレス・サンチェスは、アルバロを聖ヴィンセンシオ・ア・パウロ会で活動的な十〜十二人のグループに紹介しました。彼らのほとんどが工学の受講生でした。後にイエズス会の総長となったペドロ・アルペをはじめ、スペイン内乱が始まって三年目に殉死し、教皇ヨハネ・パウロ二世によって福者にあげられたヘスス・ヘスタ・デ・ピケルなどがいました。このグループのメンバーは後にアルバロについて思い出を語りました。ある人は、「背が高く、上品で、理解力があり、穏やかで笑顔を浮かべていた」と表現しました。もう一人は、「彼は信仰が篤く、他人を神へ近づけさせることに熱心で、困っている人を助ける人だった」と思い出を語り、「彼の性格は、極めて単純で穏やかかな分別のある人だった」と付け加えました。

学生たちは、しばしば近所の最も貧しい人々に施し物や薬や食券などを配っていました。またそこで子どもたちに宗教を教え、男性を対象に要理クラスを中心とした黙想会を計画したりしました。黙想会の後には、参加者のための夕食時に給仕の役割を務めました。

ある日、彼らは掘建《ほった》て小屋に住んでいる家族を訪れたところ、両親が二人とも警察に連行され、残された四人の小さな子どもたちが食べ物もなく寒さで震えているのを見つけました。アルバロと友人は近くの警察署に行きましたが、警察署は閉まっていました。彼らは近所の人に子どもたちのために食物を買って与えるようにとお金を渡し、翌日、また来ると約束しました。翌朝、そこに再び行きましたが、警察はそのような問題には無関心でした。より良い解決策がなく、彼らは子どもたちを児童養護施設に連れて行くことに決めました。一人の子どもはまだ小さくて歩けず、アルバロが抱いて連れて行きました。

その地域に住む多くの住民は教権に激しく反対し、隣人にキリスト教のメッセージを伝えようとする富裕そうな若者を不快に思っていました。一九三四年二月四日、その集団は要理クラスを終えて出てきた学生の何人かを襲撃しました。一人はアルバロの頭をスパナで殴り、アルバロは近くの地下鉄の駅に逃げ込み、ちょうど発車寸前の電車に飛び乗り、襲撃者から逃れることができました。自宅に到着してみると、コートは血だらけで両親は不在でした。弟や妹が怖がらないように、アルバロは道で転んだと言いました。彼が行った応急処置局での処置は、未熟で不手際だったため、のちに感染症を発症し、激しい痛みを伴う治療が必要となりました。その家庭医は「あなたの息子さんは何と勇敢なのでしょう。彼は決して不平を言いませんでした」と母親に言いました。

この地域に近寄るのは明らかに危険であったにもかかわらず、アルバロは要理を教えることと、少なくとも三～四人のスラム街の住民に食べ物などを届けることを続けました。何年か後、そこで会った人のことについて話したことがあります。「私はいつも彼らから学んでいました。彼らは食べ物すら十分になくてもいつも幸せそうでした。私にとっては、それは偉大な教訓でした」。

アルバロのことはしばらくさておき、この当時の生活、特にスペイン内乱中の彼の冒険を理解するために、スペインで起こっていた劇的な出来事に目を向けて見ましょう。

# 第三章　政治的・経済的背景[4]

一九三〇年代のスペインは当時の西ヨーロッパ諸国の水準からすると、比較的貧しい国であり、社会的緊張が高まっていました。マドリードは低賃金でかつ不安定な暮らしぶりにもかかわらず、都市に群れ集う絶望した人々が住む貧民街に囲まれていました。労働者たちは百万人ほどから成る社会主義系組織ＵＧＴ（労働総同盟）と、同じく百万人規模の無政府主義系組織ＣＮＴ（全国労働組合）に二分されていました。

宗教上の激しい対立によって、社会的、経済的緊張は悪化していました。多くのスペイン人は洗礼を

4　詳しい背景をご希望の読者の方は、John F. Coverdale 著 *Uncommon Faith: The Early Years of Opus Dei, 1928-1943* (New York, Scepter Publisher, 2002) をご参照ください。本章の内容は同書より抜粋したものです。さらなる詳細は Stanley G. Payne, *The SpanishCivil War* (Cambridge, Mass.: Cambridge University Press, 2012) をご参照ください。

受けたカトリック教徒であり、彼らの多くは宗教にとても熱心で、カトリックの教えが婚姻や教育の面で国の法律に影響を及ぼすことに満足していました。一方、啓蒙思想のイデオロギーを持つ多くのブルジョワ階級の政治指導者は、社会主義者や無政府主義者の大半と同様、国民生活に及ぼされるカトリック教会の影響を弱めるか、もしくは排除することを望んでいました。

## 第二共和制

一九三一年、代々王政であったスペインは共和制になりました。この変革は非暴力で成し遂げられました。しかし、王政は教会を擁護するものと認識されており、多くのカトリック信者は共和制の到来は彼らの信仰にとって深刻な脅威だと考えました。一方で多くの共和制支持者は、教会を彼らの社会的、経済的計画、そして文化的な改革の大きな妨げになると見做していました。

共和制の宣言から数週間後、マドリードで起きた小さな出来事が、主として教会、そして修道院などに対して向けられた三日間に及ぶ暴動、すなわちスペイン史上「修道院の焼き討ち事件」として知られる暴動を引き起こしました。共和制はこの暴動を仕掛けてはいなかったものの、これに対する対応に非常に後れをとりました。ようやく介入するや暴動は即座に終結しましたが、すでにおよそ百以上の教会や修道院が焼かれた後でした。暴動の初期段階における政府の対応不足によって、多くのカトリック信者は新しい政権は教会への容赦のない敵であると確信するようになりました。

## 反宗教的な法律

新しく成立した共和政権は、多くのカトリック信者を動揺させる一連の法令や条例を発布しました。この法令は、いかなる信条もカルトも自由であることを決定しました。宗教教育は公立学校においては任意とし、従軍司祭のいる陸軍、海軍の軍隊を解散しました。さらに伝統的な就任宣誓を「約束」に置き換え、教育における国民評議会での教会の代表権を奪い、政府官僚が公的な宗教活動に出席することを禁止したのです。寛容で宗教的に多元的な社会において、こういった政策の多くは、反対に直面することはほとんどありませんでした。しかしながら、教会と国家間の緊密な協力関係がある環境のもとに育ってきたスペインのカトリック信者たちの多くは、これらの政策を教会にとって敵対的と見做しました。

憲法を成文化する役目を担う憲法制定議会の選挙期間中、カトリック教会に対して好意的な政党は混乱状態に陥っていました。結果的に教会の敵方である政党が大多数の議席を勝ち取り、憲法を成文化する支配力を獲得したのです。憲法第三条は、スペインは「国教を持たない」と宣言しました。また第二十六条はさらに内容を掘り下げ、イエズス会の解散と彼らの資産の没収を規定したのです。

新しい憲法という名のもとで制定された法律は、引き続き建物の使用は許可するものの、カトリック教会から、教会と修道院のすべての所有権を奪いました。修道会は厳格な行政の支配下にあり、修道者たちは宗教以外の何ものも教えることを禁じられました。

## 右派へ戻る

一九三三年の秋までにスペインのカトリック信者や他の保守派は、共和制の宣言直後の選挙における不信をもたらした衝撃と混乱から立ち直ってきていました。一九三一年、彼らは選挙連合を作り、それにより、大半の地区に一人ずつ候補者を置くことができました。そして、それゆえに一九三一年には、彼らにとっては不利で、左派の政党に有利であった勝者総獲得という選挙制度の性質を逆に利用することを可能としたのです。保守派も一九三一年当時は選挙権を与えられていなかった女性たちが一九三三年には投票権を得たという事実からも利点がありました。それとは対照的に、二年間の議会での激しい争いの後、左派や中道左派はひどい仲間割れをしたので、選挙で統一戦線をはることができませんでした。こういった政策において右派への鞍替えは意義深いものではありましたが、飛躍的な政策変更にはつながりませんでした。しかしながら、打ち負かされた左派は、この展開を一九三三年、ヒトラーに権力をもたらし、オーストリアの首相であるドルファスの暗殺の誘因にもなったヨーロッパ連合運動の一環と見做して警戒心を抱きました。

一年間にわたり、スペインは頻繁なストライキや小規模な小競《こぜ》り合いなどで分裂が続きました。一九三四年十月、左派は全国規模のゼネストを呼びかけ、これが革命の反乱の引金となりました。この運動は、国全体のほとんどの地域においてあっけなく失敗に終わりましたが、北スペインのアストゥリアスの鉱山地域では本格的な革命へと発展していきました。

アストゥリアスの反乱を鎮めるために、中道右派の政府はスペインの小さな植民地の中からアフリカ陸軍を召集しました。これは苦肉の策でした。アフリカ陸軍はたとえどんな強硬手段をとってでも植民地の反乱を鎮めるだけの訓練がされていたのです。それに続く争いにおいて、革命派も陸軍もどちらも容赦することはありませんでした。千人以上の市民と三百人に及ぶ兵士、市民警備隊、警官が命を落としました。千棟近くもの建物が焼かれ、吹き飛ばされ、そうでなくても損壊を免れませんでした。

アストゥリアスの反乱により、三十四人の聖職者や修道者が命を落とし、五十八もの教会が破壊されました。過去百年間にわたり、聖職者に反抗する反乱が時折勃発して教会の資産へ大損害をもたらしたものの、聖職者や修道者へのこのように大規模な攻撃は見られませんでした。人を対象とする前代未聞のレベルのこの暴力は、スペインの反教権主義の歴史における新しい局面を呈したのです。

一九三五年もまた政治的、社会的状況は悪化し続けました。国家は世界大恐慌の影響下にあり、左派の政党は革命的な変化をもたらそうとますます結束を固めていました。右派の過激論者の政党は規模を拡大し、敵意も強まっていきました。その多くの政治的用語や政治スタイル、政策の一部においてイタリアのファシズムを模倣したファランヘ党は政治生活において重要な要素となっていました。路上では、ブルーのシャツを着たファランヘ党の若者と左派のグループの若者がますます激しく衝突し合い敵対し合っていました。

## 内乱の前兆

一九三六年初め、共和派の大統領は議会を解散し、総選挙実施を要求しました。選挙に備えて、左派の労働者階級の政党と中道左派の中流階級の政党は人民戦線を作るために団結しました。左派の発言はますます挑発的になりました。今となっては一九三六年初頭に革命が本当に起こる見込みはなかったというのは明らかだと思えますが、当時スペインの右派は、共産主義革命が今にも起こりそうだと確信しており、また左派の政党はこれらの不安を抑えるために何もしませんでした。

一九三六年の選挙は一般投票で中道派や中道右派から中道左派へとわずかな変化が見られました。人民戦線は一般投票の四十％以上を獲得し、右派の政党は約三十％、中道政党は約二十％を勝ち取りました。共産主義者もファランへ党のいずれもあまり票を獲得しませんでした。しかし議会においては中道派や中道右派から中道左派へのこの転換ははるかに劇的なものでした。人民戦線の政党間における同盟と勝者総獲得方式の選挙のおかげで、人民戦線は約五十六％の議席を獲得しました。激しく分裂した中道派はわずか十四％で、事実上何の影響力もなく、右派政党は三十％の議席を勝ち取りました。

一九三六年の春から初夏にかけて、暴動が至る所に勃発しました。農民は選挙結果に力を得、南部地方の土地を占拠し、街ではますます多くの公共建造物や個人の建物、特に教会への攻撃が見られるようになりました。二月三日から、内乱が勃発した七月十七日までの間に、政治的事件や暗殺でおよそ二百七十人もの人々が殺害され、千三百人にのぼる負傷者が出ました。

やがて政治的緊迫がますます高まり、後にその推測は正しかったと判明するのですが、誰もが軍隊がクーデターを企てているのではないかと疑っていました。過激な左派や右派の労働組合や政治政党は、各々軍隊を組織し武装させるのに躍起になって、お互いに衝突し合い、街は恐怖や暴力的な雰囲気で溢れていました。

## 軍部の蜂起

六月初めまでには、陸軍将校のグループは政府を倒すための計画をほとんど完成させました。彼らは一時的な軍事政府を設立し、新しい憲法を起草するために憲法制定会議を招集しようとしました。治安回復以外には、彼らの政治的目標は曖昧でした。

重要な右派のリーダーの政府公安部隊による暗殺は、ついに一九三六年七月十七日にスペイン領モロッコで軍隊の暴動を引き起こしたのです。暴動はすぐに国内の他の地域にも広がりました。多くの年長の将校たちは、反乱に反対であるか、もしくは決心がつかない状態だったので、反乱のリーダーは主として若い将校たちでした。陸軍のうちの相当数が、また空軍、海軍では大多数が政府に反抗して蜂起する将校たちの仲間に加わることを拒否しました。多くの地域において、武装した警官隊（市民警備隊や攻撃警備隊）は反乱に加わった、まだ意思決定を持たない陸軍の一団に対して精力的に戦いました。

数回にわたる急激な政権交代の後、海軍大臣を務めたことがあり、あまり知られていない左派の共和主義者である教授のホセ・ヒラルが首相になりました。彼の新政権の閣僚はもっぱら中流階級の自由主義者で構成されていましたが、社会主義者や無政府主義者、共産主義者からも明らかな支持を享受していました。七月十九日、社会主義者と無政府主義者の後援者たちに勧められ、ヒラルは社会主義者のメンバーと無政府主義者民兵の一団に武器を支給することで「人民の武装」へと重大な一歩を踏みだしたのです。この決断は、多くの曖昧な陸軍一団を国民軍に押し込むことになったのです。

七月二十日までに国は二つの勢力圏に分かれました。名目上は共和制政府に忠誠を誓った政府軍は、反乱に対抗し、カディス近辺の地域を除いて大西洋沿岸のほとんどと地中海沿岸全体を含む領土のおよそ三分の二を占拠しました。彼らは北部のサラゴサと南部のセビリアとコルドバを除いて、マドリード、バルセロナやすべての主要都市、そして産業の中心地を占有しました。国民軍派は、北東のカタルーニャ地方と、バスク地方、サンタンデール、オビエドから成る大西洋沿岸沿いに伸びた土地を除いて、国土の北半分の大部分において優勢でした。南部においては、セビリアとコルドバ近辺、カディス近辺の戦略的に重要な地域の小さな飛び領土のみ占有していましたが、そこでは彼らの支配下にあったスペインの北アフリカの領土から半島に軍隊を移動させることができたのです。

スペイン内乱は急速に世界的事件へと発展していきました。両軍とも彼らの主張に共感してくれそうな国々からそれぞれ早急に武器と援助を手に入れようとしたのです。紛争が激化するにつれて、諸国からの相当な支援を受け、戦争の形態をとることを促しました。すなわち軍事政権派はドイツとイタリアから、人民戦線派はソビエト連邦とフランスから支援を得たのです。

## 革命

国民軍の武装蜂起と政府のそれに対する対応は、軍の指導者たちが恐れていた革命を引き起こしました。具体的には、社会主義者や無政府主義者の民兵部隊へ武器を配布するというヒラルの決断は、反乱軍の早期勝利を避ける助けにはなったもののほぼ完璧に政府の崩壊を引き起こしたのです。

唯一マドリードでのみ、事件が発生しても、政府は何とか統制力を保ちましたが、そこでさえも命令は無視されることが多かったのです。民兵の部隊や人民裁判では、即座に国民軍の運動が初期に失敗した地域の田舎の村や町や都市の支配権を握ったのです。共和制の合法性は全面的な社会革命を前に崩壊しました。ラ・パショナリア（受難者または情熱の花）の別称でも知られているドローレス・イバルリは、当時最も有名なスペイン共産党の演説者として「すべての国家機構は破壊され、国家権力は街中にある」と述べました。ヒラル政権はスペインの合法的な政府としての権利を主張し、政権支持者を「体制支持者」と表現していましたが、それは共和制で予見された自由主義の議会政治とは全くかけ離れていました。それでもなお、国民軍派に対立する勢力は、大抵「共和主義者」と呼ばれました。

中央政府が、マドリードの市街地や国民軍の運動が失敗に終わった他の地域で支配力を取り戻すには数ヵ月を要するのでした。戦争初期の数ヵ月、それぞれの県によって構成が異なる改革委員会は、中央政府よりもずっと偉大な影響力と権力を握っていました。共和主義のスペインは、事実上、社会主義者や無政府主義者の労働組合や、彼らの軍隊によってさまざまな軍事政権と向き合いながら「統治」された地域の集合体になっていました。

共和制の勢力圏における政府の統制力の崩壊によって、主としてテロ目的で彼らが組織した改革政党の小さな集団の仕業でテロが勃発しました。政府は初めのうちは反乱を止めることに真剣に取り組まず、マドリードにおいては少なくとも名目上は政府の支配下にあった警察隊による殺害も発生しました。

多くのテロが、カトリック教会と聖職者への攻撃という形をとりました。一九三六年七月十八日から七月三十一日の間に五十人の聖職者がマドリードで暗殺され、首都の百五十の教会の三分の一が破壊されるか放火されました。反カトリックの反乱は、多くの共和制政府の支配下地域において八月まで収まることなく続きました。八月の間に二千人以上もの聖職者と修道者が殺害されました。八月以降は、聖職者、修道者そして信心深いカトリック信者への暴力は次第に減少していきましたが、一九三九年に紛争が終わるまでに、十二人の司教と四千人以上の教区司祭、そして二千五百人以上の修道者が殺害されました。教区司祭の七人に一人、男子修道者の五人に一人が命を落としました。エスクリバー神父の出身のバルバストロ教区では百四十人のうち百二十三人の聖職者が殺害されました。正確な人数を示すことはできませんが、カトリック信者というだけの理由で、命を失った人の数は膨大でした。多くの犠牲者は、無政府主義者や社会主義者、共産主義者、そして他の左派政党員によって設置された「人民裁判」前の略式裁判後に処刑されました。その他の犠牲者は単純にリンチによって殺害されました。

アルバロの人生の中でオプス・デイでの最初の数年は、このような歴史的背景の中で展開していきました。

# 第四章　オプス・デイの第一歩

オプス・デイへの召し出しの最初から、アルバロは、創立者の特別な子であるという形で特別なお恵みを受けていたように見受けられます。エスクリバー神父と完全に心を一つにできて初めてオプス・デイの召し出しを生きることができるということを明確に理解していました。アルバロは「足を地に着け、頭は天を仰ぐ。つまり全力を尽くして日々の義務を果たす。しかし心は常に主に向けて」というオプス・デイの精神をいかに生きるかという模範的な姿を自分自身の中で描いたのです。

オプス・デイに加わったその日、アルバロは新しい召し出しをどのように生きるかを学ぶために、そしてエスクリバー神父をはじめ他のメンバーと親密になるために、休暇の予定を取り消して、夏の間マドリードに残りました。創立者は一年間休みなしの仕事の後で疲れ果ててはいましたが、一連の講座を通してオプス・デイの精神を説明しました。

この講座の中でエスクリバー神父が強調したことは、オプス・デイは単なる人間的な企てではなく、神が望まれる超自然的な計画だということでした。神のご計画は一九三〇年代のスペインにおける教会の問題を解決することではなく、時代を越え、場所を越えてすべての人が聖化するように召されているという普遍的なメッセージをもたらすことでした。当時のオプス・デイのメンバーはマドリードの一人の司祭のまわりにいる一握りの人数の若者だけでしたが、エスクリバー神父は今後何世紀にもわたり、大陸を越えて広がりゆくものとなると話していました。

アルバロは召命を受けた途端、受けたばかりの賜物を他の人々と分かち合おうと努力しました。そのうちの一人はピラール学院で元クラス仲間であったホセ・マリア・エルナンデス・ガルニカでした。彼はかなりの間、DYAレジデンスでの活動に参加しており、あるオプス・デイのメンバーがオプス・デイへの召命の可能性について話したことがありましたが、説得できずにいました。その説得に今やアルバロが加わったのです。エルナンデス・ガルニカは不平をこぼしました。「嫌なことに、今まで何も言うことのなかったアルバロまでが、オプス・デイに加わる決心をせよと言いつのる」。七月が終わる前に、彼はオプス・デイに加わり、アルバロと一緒に形成の講座を受け始めました。

八月末頃にかけてアルバロは夏季休暇の最後の週にマドリードの北にあるラ・グランハという町で家族と合流しました。そこで休暇を楽しんでいた親しい友人に早速オプス・デイについて話しました。神が独身生活へといざなわれたので、アルバロは女の子たちと出かけるのを止めました。彼女たちに対する彼の接し方は、変わらず感じの良い、上品な接し方でしたが、長い会話や感情を表すことは慎みました。

ラ・グランハ滞在中、最初の熱意が薄れてきたのに気づき、そのことをエスクリバー神父に手紙で伝えました。数年後、エスクリバー神父は『道』の中で彼の体験を次のように記しました。「あなたは私に、『高揚した気分が消えました』と書いてきた。あなたに高揚心があろうとなかろうと、神の愛ゆえに、つまり自己放棄という義務を意識して働くべきなのだ」。

## 生活規定

九月末、アルバロは公共事業省で働き続け、そして土木工学課程の二年目を開始するために、マドリードへと戻りました。彼は、仕事やその他のすべての活動を祈りと神への奉仕に換えるというエスクリバー神父から教わったことを実行に移そうと一生懸命努力しました。彼自身の努力と豊かな神の恵み、そして彼が受けた形成のおかげで、いわゆるエスクリバー神父がオプス・デイのメンバーの生活規定と称していたとおりの真剣な祈りの生活、そして神と一致することを次第に身に着けていきました。

この規定は柔軟性のある一連の信心の業から成り、生涯の最後の日まで果たし続けることになるのでした。年月の経過とともに、徐々にこれらが彼の毎日の生活の一部となり、一部を果たし忘れたとか、心を込めなかった時にも落胆することなく、神への愛を育みながらこれを果たす闘いを続けたのです。生活規定の中心は毎日のミサで、エスクリバー神父の言葉によれば、ミサはすぐに彼の内的生活の「中心であり根源」となりました。旅行やその他の状況でかなり早朝に起床しなければならなかった時や、聖体拝領前の断食の時間を延長しなければならなかった時でさえも、ミサと聖体拝領を決して怠らないように絶大な努力をしました。そのためしばしば頭痛を感じたりしましたが、聖体拝領をするために断食をやめることはなく、司祭になってからは、他の人から必要とされた時にミサを挙げるのを拒むようなことはありませんでした。ミサでは、キリストの犠牲と結び付けて彼の仕事や他の活動を神に捧げました。彼は一日中、神に仕事を捧げる時、または感謝や懇願、償いの心で神に心を向ける時、その日に挙げたミサや翌日挙げるミサに心を合わせて祈りを捧げました。

彼の生活規定のもう一つの柱となるのは、念祷でした。午前と午後にご聖体の前で三十分ずつ念祷をしました。祈りを、神について、あるいは自分自身について語る神との会話の時間にするということをエスクリバー神父から学びました。祈りとは、神を知り、己を知ることです。神と語ることを学び、まるで自分の両親や兄弟姉妹そして友だちと話すかのように素朴に、そして親しみ深く神と付き合うようになりました。また祈りの言葉が容易に出てこない時にも堅忍し、「祈りとは何を言うかとかどう感じるかという問題ではなく、愛の問題だ。実際には何も言わないかもしれないが、主に何かを語ろうと努力する時、愛していることになる」というエスクリバー神父の言葉に確信を持って祈りを実行しました。アルバロは毎日、新約聖書を読み、その内容を理解しようと努めるだけでなく、その場に居合わせたかのように福音書の場面に自分自身を置くことによって、祈りと内的生活を深めました。日中は、射祷として、しばしば新約聖書の句を引用して短い祈りの言葉を唱えました。

新約聖書に加えて、信仰心を保ち、神ご自身や神と関わることについての知識をより深めるために役立つと思われる他の読書にも、毎日時間を費やしました。回勅やその他の教皇文書、教父、アビラの聖テレジアや十字架の聖ヨハネの著作など霊的読書の古典も読みました。彼はまたシトー修道会士、ジャン・バプティステ・ショータールの *The Soul of the Apostolate*（使徒の魂）やベネディクト・バウア著 *In Silence with God*（神との沈黙）などの現代の霊的書物も読みました。

生活規定のもう一つの重要な要素は、毎日ロザリオの祈りを唱えることで、通常、授業や仕事に行く途中や帰途につく時に唱えました。それは聖母マリアへの愛を育むのに役立ちました。時には、アヴェ・マリアの祈りや他の祈りの言葉、あるいは特別な意向に重点をおいて祈りました。

エスクリバー神父が彼の最初の著作である『聖なるロザリオ』に「イエスとマリアの生涯を体験しましょう。（…）そうして毎日、イエスとマリアとヨセフに何かをして差し上げましょう。また聖家族の話し合いに耳を傾けましょう。そして救い主の成長ぶりを眺めましょう。そうすれば、主の三十年に及ぶ、隠れた生活に感嘆することでしょう。それから主のご受難とご死去にも立ち会うことでしょう。また、栄光に輝くご復活を見て、畏敬の念に打たれることでしょう。つまり、黙想です。至上の愛である神の愛に我を忘れ、イエス・キリストのご生涯のあらゆる瞬間をあまさず眺め、黙想するということなのです」と書いているように、その場面に自分を置いて、ロザリオの一連と関連するイエスとマリアの人生の際立つ出来事について「神秘」を黙想するのを習慣としていました。

正午には「お告げの祈り」を唱えるために手をとめ、その時、努力をしていた内的戦いのテーマについて午前中はどうであったか、また一方、その日の残りの時間を使ってどのように向上するか、しばし考えました。多くの場合、それは仕事を聖化する努力、仕事において自分を聖化すること、また彼の仕事を他人の聖化の手段にしようと試みることと関連していました。それは、自分の時間をより良く活用し、より注意深く仕事を果たし、サービス精神や同僚意識を一層高めることなどだったかもしれません。時には何か特別な意向、すなわち友人や仲間、世界平和のため、教皇のため、マドリード司教、エスクリバー神父、またはオプス・デイの他のメンバーのために仕事を捧げたりしました。

アルバロは、生活規定を成すこういった信心の業を、一日のうちに点在する瞬間として見做すのではなく、仕事や休息、そして人生を織り成すすべてのことを祈りに換えること――その祈りとはもちろん口祷ではなく、神に心を上げることですが――それらの努力をすることが、重要な要素だと考えることをエスクリバー神父から学びました。主や、御母、聖ヨセフそして守護の天使へとしばしば心を向け、一日中神の現存を意識するように努めました。それを自分に思い起こさせるために、マドリードの多くの建物や街中に見られる聖母のご絵やご像に目を向け、聖母マリアへの射祷を唱えました。仕事場では神の現存を思い出すために机の上に小さな十字架を置いていました。しばしば自分の守護の天使と、会った人の守護の天使にご保護を祈ったりもしました。

主に従いたい者は、日々の十字架を担わなければならないというキリストの教えを深く心に刻み込んでいました。彼は苦行帯や鞭の使用といった伝統的なカトリックの苦行を実行していましたが、特に一日中、小さな節制と償いの業を実行していました。例えば、卵に塩をふるのを止めたり、デザートには甘い物ではなく果物を食べたりしました。たまにワインを飲みましたが、その他のアルコールは一切飲みませんでした。食事と食事の合間に食べないようにして、好物は少なめに、好きでない物は多めに食べました。

時間を厳守し、仕事中に気を散らさないように努力しました。想像力を抑制して、その時しなければならないことに集中しました。暑さや寒さなど、その日その日に起きる小さな妨げを明るくやり過ごしたのです。特に疲れている時、病気の時、会話が退屈だとか不快にさせられるような時でさえ、笑顔を絶やすことはありませんでした。このような節制は、それ自体それほど重要なことではありませんでしたが、それを毎日実践することによってイエス・キリストの十字架を愛するようになる助けとなりました。

祈りの人、犠牲の人となるこのような努力によって、アルバロはエスクリバー神父の言う「世間の真《ま》っ只中《ただなか》での観想」という目標達成に向けて急速に成長しました。

# 第五章　逃亡者と捕虜

一九三六年七月の第一週、アルバロとオプス・デイの他のメンバーはDYAレジデンスの家具をフェラス通りの新しい場所へ移動し始めました。ちょうどその時、スペインの陸軍は、政府を覆《くつがえ》す最終的な計画を練っていました。軍が行動を開始したのは七月十七日でした。マドリードでは、クーデターは失敗に終わりましたが、政府は市街の統制力を武装した社会主義者に奪われ、無政府主義者の民兵たちがテロ行為を開始し、教会や修道院を破壊したり燃やしたり、司祭や修道者および熱心なカトリック信者として知られる人々を逮捕したり暗殺したりし始めました。

七月十九日の午後、アルバロは騒然とした街並みを通ってDYAレジデンスの新しい場所に向かいました。そこはちょうど反逆者たちが隠れていた軍隊の兵舎の真向かいでした。家に帰る途中、彼は民兵の哨戒隊《しょうかいたい》に引き留められ、ポケットに入れていた小さな十字架を見つけられたのです。それは死の召喚状となり得たかもしれないのですが、民兵たちは彼を見逃してくれたのです。

## 逃亡中

戦争が始まった最初の頃、アルバロは両親と生活を共にし、七月二十六日まではどうにか毎日ミサに通っていました。八月十三日に、民兵隊が、同じ建物に住んでいた将校を逮捕するため彼の家族が住んでいた建物に侵入しました。その時、将校は外出中で、その将校の妻はアルバロのアパートに逃げ込んできました。民兵は銃を引き抜いたまま彼女を追ってきたのです。アルバロが何かを噛んでいるのを見て、民兵は、それは何だと尋ねました。彼は平静に「紙切れです」と答えました。アルバロはそこに書かれていた情報を守るために噛んだのですが、事実に即して答えたので、彼らは特に気にも留めませんでした。将校の帰宅を待つ間、民兵はデル・ポルティーリョのアパートを捜索し、見つけた宗教的なご像や、ご絵を破壊しました。将校は帰宅するや否や逮捕されましたが、その時ちょうど帰宅したラモン・デル・ポルティーリョも一緒に逮捕されました。将校はその日に処刑されました。その後、何ヵ月もの間、アルバロの父親の消息は不明でした。

アルバロの母親はメキシコ市民でしたので、小さな子どもたちと共にメキシコ大使館に避難することができました。アルバロは徴兵年齢に達していたため母親たちに同行することは許されませんでした。彼は教会を暴力で攻撃する政府のために戦う気持ちになれなかったので、徴兵忌避者およびカトリックの信仰を実践する者として逮捕されやすい状況に置かれていました。いつ何時、民兵が彼を捜しに来るかもしれない自宅に留まることもできず、当時、そこには住んでいなかった友人の家に一時、避難することにしたのです。弟のペペとオプス・デイの他のメンバーのファン・ヒメネス・バルガスも同じくそこに避難しました。

九月半ばのある日、彼は未払いの給料を受け取りに事務所に出向きました。帰途にビールを一杯飲もうと戸外のカフェに立ち寄りました。民兵がしばしば公共の場にいる人々に身分証明書の提示を求め容易に逮捕するため、無謀とも言える行動でしたが、この一杯のビールは摂理的でした。というのはオプス・デイの一人のメンバーの父親がアルバロに気づき、エスクリバー神父が彼のアパートに匿《かくま》われていると知らせたのです。エスクリバー神父は二ヵ月に及ぶ逃亡生活のため疲労困憊《ひろうこんぱい》していましたが、アパートの守衛によって密告される恐れがあるため、アルバロは自分の隠れ家にエスクリバー神父を連れて行きました。

アルバロ、ペペ、フアン・ヒメネス・バルガスとエスクリバー神父は九月末までそこに留まりました。エスクリバー神父は毎日、三人のために三十分の説教をしました。パンとぶどう酒がなく、ミサを挙げることはできませんでしたが、いわゆる「ドライミサ」を毎日挙げました。何年か後にアルバロが次のように話していました。「ピアノを祭壇の代わりに、また家には十字架がないので、ロザリオを十字架の代わりにしてミサの式次第どおりに行いました。宗教的なイメージが見つかると撃たれる原因となるために、宗教的なものはどこにも見当たりませんでした。それは本当のミサではありませんでした。なぜならば聖別するためのパンもぶどう酒もなかったからです。信心の心のみで行ったのです。敬意を表して聖別の言葉は唱えませんでした。聖体拝領の時が来ると霊的聖体拝領を唱えました。彼が唱えていた祈りは、召命を願っていました。使徒へ呼びかける福音書の暗記していた箇所を使いました」。

本がなかったため、彼らは読書をして時間を過ごすことができず、エスクリバー神父は彼らが心配ばかりしないように暇をもてあまさない方法を何とか見つけようと考えていました。例えば、自分が子どもの頃に教わった簡単なトランプゲームで、彼らの知らないものを教え、彼らの気を紛らわせました。そして賭けをしないトランプゲームにさえも垣間見られる虚栄心を克服するのを助けました。

九月の終わりには、彼らが滞在していた家族が所有している他の家を民兵隊が捜索し始めたことを知りました。オプス・デイ創立記念日の十月二日を最後に彼らはその家を出て行きました。アルバロは数日間、唯一の荷物として、歯ブラシとパジャマを腰につけて、家を転々としました。少しの間、彼の家族のアパートに戻りましたが、数日後にはフィンランド大使館に避難できました。一方、エスクリバー神父は十月六日に長年の知り合いの医師が経営していた精神科クリニックに避難先を求めました。

## 収容所で

国民軍がマドリードの郊外まで到達した時、政府当局と民兵隊のリーダーは、さまざまな大使館に亡命している難民たちが共和国政府に対抗して立ち上がるのではないかと警戒し始めました。十二月五日、政府軍はフィンランド大使館につながっている二つのビルに侵入し、アルバロも含めてそこに避難していた人々を、元のサン・アントン・スクールに設置された暫定的な収容所に連行しました。

収容所での数ヵ月に及ぶ生活について彼はほとんど語っていませんが、食事は十分に与えられず、時にはその食物に看守が人間の排泄物を混入するということもあり、非常に厳しい状況でした。

自分の敷物を持っていない捕虜は、夜は床の上に直《じか》に寝なければなりませんでした。アルバロは、そこで工学専門学校の教授の一人に出会い、彼が寝る時の敷物を持っていないと知ると、自分の敷物をその教授に譲りました。

しばしば捕虜たちは連れ出されて、即座に処刑されました。ある日、一人の民兵が元学校の聖堂であった場所にある聖人の像の口にタバコを突き刺しました。捕虜の一人がそのタバコを取り除くと、看守はピストルを抜いて彼を撃ちました。幾度か、看守がアルバロに近づき、彼の頭にピストルをあて、「お前は司祭に違いない。なぜなら眼鏡をかけているから」と言いました。

アルバロは一九三七年一月二十八日に裁判にかけられ、翌日釈放されました。その時は、母親と兄弟たちが避難しているメキシコ大使館が、彼の一時的な避難を許可しました。彼が大使館にいる間に、父親は、自分がまさに釈放されたばかりのその同じ収容所に収容されていることを知り、母親はすぐにメキシコ大使館に父親の釈放を求めてくれるように要請しました。アルバロは約一ヵ月間大使館に滞在し、その間、弟や妹たちを指導しました。しかし大使は、アルバロが徴兵年齢であることを理由に、出て行かせました。約一週間、下宿先で過ごし、彼はホンジュラス公使館に避難することができました。

# 第六章　難民



「ホンジュラス公使館」はホンジュラス共和国の名誉領事を務めるサンサルバドル出身の外交官のアパートに構える単なる領事事務所にすぎませんでした。しばらくの間、そこに滞在していたもう一人のオプス・デイのメンバー、ホセ・マリア・ゴンザレス・バレドのおかげで、アルバロはそこに避難所を見つけることができました。アルバロが到着した翌日、エスクリバー神父と彼の弟のサンティアゴも加わり、三〜四日後には、もう一人のオプス・デイのメンバー、エドワルド・アラストルエも到着し、四月初旬にはフアン・ヒメネス・バルガスも加わりました。

十二月には本格的な大使館でさえも強制捜査されたことを考えると、小さな中央アメリカの共和国の領事館は決して安全な避難所ではありませんでした。とは言え、その他のほとんどの場所よりは安全だったのです。共和国政府が、やがてマドリードの在外公館など外交官関係の場所に避難している人々の疎開を許可する可能性が高まっているようにも思えました。しかしそれは、むなしい希望となり消え、アルバロはその後の一年半、公使館で過ごすことになりました。公使館は百人近くに及ぶ難民で一杯でした。施設は全く不十分で、アルバロが生活していた階では、三十人で一つのバスルームを共用しました。平和な時代ならば動物の飼料となるような豆類が主食となり、人々が生きていくためにかろうじて足りるほどでした。豆類にはしばしば虫がついていて、食料が全くない日もありました。

最初の頃、オプス・デイのメンバーはアパートに分散していましたが、五月半ば、領事は、おそらく石炭置き場に使っていたと思われる小さな部屋を与えてくれました。それは8ft×12ft（2.4ｍ×3.6ｍ）で質素な住宅の一人用の寝室程度の大きさでした。小さな窓からごくわずかな光が差し込むだけで、日中でさえ天井からぶら下がっている薄暗い裸電球をつけていなければなりませんでした。夜になると薄いクッションがマットレスの代わりで、日中はくるくると巻いて壁に立てかけ、椅子として使いました。

難民のほとんどの人は、戦争が終わるのを待つことのほか何もしていませんでした。民兵が入り込んで彼らを連れ出すかもしれないことに怯え、また失った物を惜しんでいました。しかし、エスクリバー神父の努力のおかげで、アルバロとグループの他のメンバーは、そこで過ごした期間、「人間的、超自然的に『正常』なリズム」を何とか保つことができました。エスクリバー神父はスーツケースを祭壇に、またクリスタルのグラスをカリスの代わりに使って毎日ミサを挙げました。ミサの後にはご聖体を財布の中に入れ、交代で携行しました。ほとんど毎日、ミサの前に三十分間の念祷をし、説教もしました。彼の信仰、超自然的楽観主義、ユーモアはその小さな部屋を平和と喜びさえ感じられるオアシスに変えるのに役立ちました。

「神から授かった才能で切り抜けようと思えば、活動や行動が必要となる」という考え方を克服するように彼らに促しました。「あなたは、雪に覆われた火山のようになれることを忘れないで欲しい。すなわち、その外側は氷で覆われており、それは、破壊しようと内側で燃える炎とは対照をなしている。あなた自身の外側は単調で不透明な氷で覆《おお》われているのは事実だ。外面的には束縛されているように見える。しかしあなたの内側では、炎が燃えさかり、とても激しい内的活動によって、不足する外的活動の埋め合わせをすることに飽きることはないだろう。とても貧弱と思えるような私たちの仕事から、何世紀にもわたって存続できるような見事な殿堂が築かれるであろう」。

アルバロも他の人々も時間をうまく活用するように努力しました。その大半がオプス・デイの将来の発展のための準備として外国語を勉強することでした。アルバロはドイツ語と同時に日本語も勉強しました。一歩も外へ出ることができないような状況の中ですら、外国へ行く準備をするというのは特筆すべき強い信仰と希望の現れでした。

アルバロは毎日ミサに与り、一時間の念祷をし、ロザリオを唱え、霊的読書をして、オプス・デイのメンバーの生活規定を成す信心の業を実行しました。ほとんどの人は、公使館での状況だけで疑いもなく十分な犠牲を強いられていると思ったでしょうが、エスクリバー神父の模範に励まされ、アルバロは、例えば予定どおりに物事を行うとか、苛々《いらいら》させられるような状況におかれた時にも笑顔を絶やさないとか、夏の暑さで息苦しいほどの時に水を飲むのを遅らせる等々、一日中小さな節欲を実行しました。

長期間、公使館に滞在している間に、アルバロは深奥な内面的な調和と超自然的な精神を実証しました。自己を忘れて他人に奉仕し尽くしました。彼はボランティアで領事館の帳簿をつけました。不足している物に対して不平をこぼすことなく、皆が苦しんでいた飢えや寒さを心の底から真の朗らかさで耐え忍びました。戦争勃発《ぼっぱつ》以来、バレンシアで動きがとれなくなっていたオプス・デイのメンバーへ宛てた手紙には、エスクリバー神父の忠告や懸念《けねん》を伝えました。

一九三七年六月半ば頃、アルバロと他の人々は、もはや公使館から疎開できるという希望はなく、また戦争が近いうちに終結すると考えられる理由もないと悟りました。国民軍の軍隊が徐々に新たな領土を占拠していきましたが、両軍の勢力のバランスは基本的に変わることのない状態が続いていました。

戦争の初期の頃の恐怖感はほぼ消滅していました。公使館の被雇用者という証明書を持ち歩くことによって、エスクリバー神父は、公には司祭としての職務は果たせないとしても、比較的安全に市内を歩き回ることができるようになりました。このような状況の最中、エスクリバー神父はもうこれ以上、公使館に留まってはいられないと決断しました。そして八月三十一日に彼は下宿屋に引っ越しました。

アルバロは徴兵拒否者として逮捕される可能性があるので、彼が公使館を去るのはあまりにも危険だとエスクリバー神父は考えました。しかし、他の人たちはすぐに立ち去ることができ、十月末には、公使館に残っていたオプス・デイのメンバーはアルバロとホセマリア・ゴンザレス・バレドの二人だけとなりました。

アルバロの父親ドン・ラモンは収容所から釈放され、彼の妻と一緒にメキシコ大使館に避難していました。しかしながら彼は喉頭結核を患っており、非常に重体でした。エスクリバー神父は男性の看護師の服装をして定期的に彼を見舞い、注射器に入れて持ち歩いていた聖香油で病者の塗油を授けました。当然のことアルバロは父親を訪ねたかったのですが、それはあまりにも危険だというエスクリバー神父の判断を受け容れました。十月十四日にドン・ラモンが亡くなった時は、イシドロ・ソルサノが付き添っていました。一週間後、アルバロの母親はマドリードを離れて、国民軍地区のブルゴスの町に引っ越しました。やがてエスクリバー神父も何人かのオプス・デイのメンバーと共にマドリードを離れ、ピレネー山脈を越えて、ブルゴスに辿り着くことに成功したのです。

エスクリバー神父はマドリードを離れる時、イシドロ・ソルサノにマドリードでのオプス・デイの責任者の役割を委ねました。その後の九ヵ月間、アルバロは公使館を離れて人民戦線軍に入隊し、国民軍地区の前線を横断して脱走することを何度も示唆しました。しかしソルサノは一九三八年七月まで、彼に同意しませんでした。

それでもアルバロは調査を続け、公使館を脱出して前線を横断しないでブルゴスへ辿り着く方法をソルサノに提案し続けました。首都を離れることを可能にするパスポートを入手するために他国の出生証明書を入手するという方策がありました。彼らは何とかキューバの出生証明書を入手し、キューバ大使館に提示しましたが、大使館に拒否され、その計画は失敗に終わりました。

アルバロはエスクリバー神父と一緒にオプス・デイの発展を助けるべきなのに、それを果たせないでいると感じ、運試しで国境を越えることを試みようという強い衝動に駆られましたが、その時でさえも、やはりそれは難しいという気持ちに従いました。決まりきった仕事や単調さと戦うのは大変なことでしたが、彼は「何も達成することはできないけれど、できることさえしていれば時間を無駄にしたことにはならない。私たちの目標はパドレ[5]を助けることだ。ここを立ち去ることさえできれば、それができる。

5　オプス・デイのメンバーはエスクリバー神父を「パドレ」（神父様）と呼びます。アルバロは、オプス・デイの総長を常に「パドレ」と呼ぶと定めました。エスクリバー神父の帰天後、混乱を避けるためだから何が起ころうと私たちは満足だ」という確信を持ち続けました。

一九三八年三月には、十月末に公使館を離れたエドワルド・アラストルエがマドリードから脱出できずに戻ってきました。それを見たアルバロは、さらなる刺激を受け、祈りの生活と時間を大切に活用することで自分により厳しくするよう決意を新たにしました。次のように手紙に書いているように、それが彼自身にとって助けになりました。「まわりの環境によって自然に単調な生活に陥りそうでした。小さな戦いではあったが、常に戦っていたので単調にはなりませんでした。毎日勉強する時間を増やして計画を立て直し、マタイによる福音を読み始め、読んだことを三人で話し合いました。どんな活動も不可能と思えるような時でさえ、本気でそれを望みさえすれば、誰にでも計り知れないほどの行動が可能なのです」。

月日の流れとともに、スペイン内乱の状況にも変化があり、前線を越えられるという見通しも少しは明るくなってきました。領事館にいた人々のうちの一人は国民軍地区に逃亡するのに成功しました。ソルサノはこれらの事実について承知していましたが、しかし、常に「ノー」と言い続けていました。ある日、祈っている間に、ついに神からアルバロと他の数人が一九三八年十月十二日のピラールの聖母の祝日に前線を横断するのに成功することを示す超自然的な光を受けました。エスクリバー神父もこれについて祈りの中でわかり、アルバロの母親に「あなたの息子は十月半ばには前線を通過するでしょう」と話していました。

## 前線横断

ソルサノはアルバロに祈りの中でわかったことについては何も触れず、公使館を出て、前線を越えるようにと伝えました。一九三八年七月二日、アルバロは公使館を離れました。人民戦線に入隊して前線を越えるというのが彼の計画でした。最初の障害は徴兵拒否者として逮捕されることなく入隊することでした。人民戦線軍は十八歳から三十一歳までのすべての男性を徴兵していました。二十四歳のアルバロはずっと前に入隊しているべきだったのです。逮捕されずに入隊することに成功したとしても、前線を越えることができるという希望が持てるためには前線部隊に配置される必要があったのです。

彼が持っていた唯一の書類は、無政府主義者の労働組合によって発行された彼の弟の身分証明書でした。最初、募集担当係官に会った時は、ホセと名乗り十八歳だと言いました。募集担当係官は、アルバロは十八歳以上だと即座に気づき、訓練隊に配属しました。次の過程で、登録簿にある彼の名前を確認したところ、アルバロが属していると申し立てたクラスにもう一人の弟であるアンヘルの名前を見つけ、彼が入隊していることがわかりました。係官はいくらか困惑して、誕生日はいつかと尋ねました。アルバロは不意をつかれて、自分の誕生日は三月十一日だと答えました。「そうか、ここには二月十四日と書かれているけれど」と係官は応えました。

---

に、エスクリバー神父を「創立者のパドレ」、現在のオプス・デイの総長を「パドレ」と呼ぶことを提案しました。本書では、基本的に「エスクリバー神父」、場合によっては「パドレ」あるいは「創立者」と呼んでいます。

「それは自分の弟の誕生日です。ここには私の名前であるホセではなくアンヘルと書いてあるでしょう」

「しかし兄弟ならば、どうして同じ年に生まれたのか？」

「双子なんです」

係官は新しい用紙に記入し始めました。「生年月日は？」

「二月十四日です」とアルバロは応えました。

「さっきはそうは言わなかったではないか？」

「馬鹿なこと言わないでください。前に自分は何と答えたか知らないけれど、でも双子ならば自分の弟と同じ日に生まれているはずでしょう」

係官は全く困惑してしまい、それ以上面倒なことを言わなくなり、訓練隊ではなく普通の軍隊に入れました。問題は、その軍隊が前線に発つ予定はなかったということです。というわけでアルバロが国民軍側に渡れる可能性は全くなさそうでした。それゆえ、彼は大急ぎで脱走しました。

彼自身の本名で新しい身分証明書を何とか入手し、彼は、ホセのカードをノルウェー大使館に避難していたもう一人のオプス・デイのメンバー、ビセンテ・ロドリゲス・カサドに渡しました。アルバロ・ロスティーリョと変更した新しい身分証明書で、今回は三十一歳と言い、アルバロは別の募集担当係官に会いに行きました。「発覚しないように、守護の天使にすべてを見守ってくださいと祈りました。事実、すべてがうまくいったのです」。しかし、再び彼は前線の任務がなさそうな隊に配属されたので、再び脱走しました。

ビセンテ・ロドリゲス・カサドもエドワルド・アラストルエもそれぞれ入隊を試みたのですが、失敗しました。彼らが何度も失敗したことからして、三人とも「主は我々を完全に神の手に委ねることを望んでおられる……。我々がとれそうな手段は、それ以上見当たらないので、唯一できることは、盲目な私たちの手を取り、足を取り、お望みの所に連れて行かれるように、天与の手段をもたらすことをご存じの主の意向を待つことのみだ」と合意しました。

八月十八日、今回は、アルバロはフアン・アルバロ・コルティーリョの名で再び募集担当係官の前に現れました。六日以内に前線に向けて出発予定の中隊に配属されました。二十四日にはキューバ人家族の家での内密に行われているミサに参加することができ、そこから、行く果てはわからないまま出発したのです。

八月末に、アルバロは新しい隊に配属されたのですが、そこでビセンテ・ロドリゲス・カサドを見つけました。数週間後、エドワルド・アラストルエも同じ隊に配属されました。何百人、何千人もがいる軍隊で、別の時に別の募集局で入隊した三人が、同じ連隊で、しかも同じ大隊で、同じ歩兵隊で、同じ分隊に配属されたのです。

彼らは前線を越えるのは非常に危険だと知っていました。成功した人よりも死んだ人の方が多かったのです。殺された人の中には彼らの友人もいました。とは言え、彼らは神の摂理に信頼を置いていました。隊が移動することになっているという噂がある時はいつでも、仲間の兵士たちはさまざまな行き先を憶測していましたが、オプス・デイのメンバーの三人は会話に加わることすら滅多にありませんでした。「我々は全く気にしていない。なぜならばどこに連れて行かれようが、そこが前線全体の中で、越えるのに最も良い場所だとわかっているから」。

一九三八年十月二日、オプス・デイ創立十周年の記念日にアルバロは個人的な理由でマドリードまで旅をする許可を要請しました。彼は聖体拝領ができただけでなく、彼と他の二人が毎日聖体拝領できるように聖変化したご聖体を持ち帰ることすらできたのです。この機にイシドロはアルバロに、主は十月十二日のピラールの聖母の祝日に彼らが国民軍地区まで辿り着くことができることをイシドロに教えてくださったと伝えました。

それに続く日々は、ご聖体をアルバロの財布に保管し、彼らはそれを一日交代で持ち歩きました。夕方は散歩に出て、アルバロは脱出についての記述の中で、脱出について次のように回想しています。その間に聖体訪問をしました。「私たちは聖書に書かれているエマウスの弟子たちの場面のように強さと真理を生き抜きました。『道で話しておられるとき、また聖書を説明してくださったとき、わたしたちの心は燃えていたではないか』という言葉です。夕刻になると人々はくつろいで、神への冒瀆や卑猥な言葉がよく聞こえてくるので、その日ご聖体を運んでいた人は、主の前ではそのような事態を避けるために皆が寝静まるまで散歩し続けました」。

十月九日の二十五マイルの行進についてアルバロは次のように感想を書きました。「停止。迷子になった兵士たちよ、もう続けられないと罵《ののし》る若い少年たちよ……。私たちには主がともにおられるので、愛と自信と感謝、熱意の言葉の交換へと導いてくださる……。他の人にとっては何と長い行進、しかし私たちにとっては何と短いことか！」。

十月十日に彼らは前線に辿り着きました。翌朝、アルバロ、ビセンテ、エドワルドはいくつかの品を買うために近くの町へ派遣されました。この機会に、彼らは隊を離れ、逃亡を始めました。十月十一日の夜は、洞窟の中で過ごし、翌朝、カタルーニャの小さな町に辿り着きました。ちょうどその時、ピラールの聖母の祝日で教会の鐘が鳴り始めました。敵の前線から来る見知らぬ人は誰でも撃つようにという命令を受けていた武装した二人の羊飼いは、彼らに気づいたのですが、発砲しませんでした。国民軍の大佐だったビセンテの父のおかげで、三人は十月十四日にブルゴスに辿り着き、そこでエスクリバー神父に会い、アルバロは母親を抱擁できたのです。

# 第七章　工兵士官

国民軍での最初の配属を待っている間、アルバロは、家族やエスクリバー神父そして国民軍側の首都に住んでいる家族や数人のオプス・デイのメンバーにより近いブルゴスに留まり、エスクリバー神父や他の人々と共に日中を過ごし、母の家に泊まることができました。エスクリバー神父による説教や、一日の黙想会、修徳的形成の話に加えて、創立者エスクリバー神父と長時間にわたり個人的に会話を交わし、その中でエスクリバー神父は霊的生活や神秘的な体験などについてさえもアルバロに打ち明けました。ある日、エスクリバー神父は、何日にもわたって主の右手の傷のうちに生きていたと語り、御傷の中に入り込むと、主の血液の流れを感じ、いかに主が自分を清められ、変えられ、その脇腹の傷へと引きつけておられたか気づいたと語ったのです。このようなエスクリバー神父の個人的な祈りへの洞察は、アルバロが祈りの生活を深める刺激となりました。

彼はブルゴスでの自由時間を活用して、前線越えについて記述しました。時折、エスクリバー神父がオプス・デイのメンバーと友人に送っていた通信を作成する手伝いもしました。いずれ戦争が終結した暁には、オプス・デイがマドリードに開設を希望している大学生の寮の図書館のために、本の寄贈を依頼する手紙も人々に書き始めました。

## 士官学校

十一月十日にアルバロはブルゴス郊外の近くのフエンテス・ブランカスの小さな町にある予備士官学校に入学しました。第二次世界大戦中、アメリカ軍は少尉に九十日間の訓練を行っていましたが、スペイン内乱の圧力下にあり、国民軍の少尉は六十日間のみ訓練を受けました。その二ヵ月間の間、アルバロは彼自身の内的生活を深めると同時に、多数の同僚の士官候補生をキリストに近づけました。

学校担当の大佐は、非公式に彼がミサのために基地を離れる許可を与えましたが、基地を離れて何をしているかと憲兵に尋問された場合には、大佐は何も知らないことにするようにと厳しい口調で言いました。最寄りのカルトゥジオ修道院でのミサに与るためには、毎日夜明け前に起床して、車の轍《わだち》でつけられたでこぼこ道を数マイルも歩かなければならず、しかもしばしば凍てつくような寒さで、そのうえ、近くの農園の番犬を避けて通らなければなりませんでしたが、彼の模範は非常に影響力が強く、やがて他の人もミサに行くようになりました。そして二ヵ月経過した頃には、三十人の士官候補生が平日のミサに与っていました。アルバロが誘ったある一人は、一度は行ったものの、そんなに早朝に起床して暗闇の中を歩いてミサに行くのはあまりにも大変だとやめました。しかしながら終戦何ヵ月か後に、彼はオプス・デイに加わりました。

士官コースの理論的な部分で苦労していそうな数人の志願者にアルバロは講義をしました。またオプス・デイの他のメンバーや友人に度々手紙を書きました。一日も早く、平常な状態でオプス・デイの使徒職を進めていきたいという切実な願いが彼の手紙に滲み出ていました。また特にオプス・デイの創立者のために祈るようにと促していました。「しなければならないことをたくさん抱えているパドレのことを特に心に留めてください。理由はともあれ、彼の傍らにいる私たちはできる限りの方法で彼の手助けをする義務があります。私以上にあなたたちの方がよくご存じでしょうが、第一の方法は、パドレのために祈り犠牲を捧げることです」。そして可能な限り、いつでも家族とエスクリバー神父に会いにブルゴスへ行きました。

## 最初の目的地――シガレス

一九三九年一月一日、アルバロは工兵隊の暫定少尉として就役しました。バリャドリッドの連隊に十日以内に出頭するようにと言われました。その間、彼は再び工兵隊への入隊許可を得るための手続きを行い、その地域にいるオプス・デイのメンバー数人を訪ねました。

この頃までに戦争は次第に鎮まっていきました。国民軍はカタルーニャでは攻撃的になり始め、やがてバルセロナ占拠という結果につながりそうでした。アルバロは戦闘する気は毛頭なく、橋や道路の修復に取り組み、最初はシガレスの小さな町にあるバリャドリッド近辺、その後四月から六月までは、バルセロナ北部山地のフランスとの国境近くにある小さな町オロットで勤務しました。

シガレスに到着三～四日後、彼はエスクリバー神父から手紙を受け取りました。その手紙の一部を紹介すると「しなければならない偉大なことがたくさんあります！　一人前の男にふさわしくない子どもじみたことで、それらを拒んでいる余裕はありません。イエスは君と私に偉大な奉仕を期待しておられることは間違いないのです。疑いもなく私たちは、その期待に応えるのです。私はこの何日か、おそらく特に何も感じていない私たちの家族であるメンバーが、オプス・デイのことについて再び情熱を持つようにしてくださるよう主に執拗にお願いしています。私がこのように熱心に求め、また達成できるように助けてください」。

アルバロは、オプス・デイのメンバーの生活規定を完全に実行し、士官としての義務を果たし、友人と過ごす時間を作り、手紙を書き、ドイツ語と日本語の勉強すら続けるために厳しいスケジュールを立てました。

シガレスに滞在したのはわずかの期間でしたが、とりわけ高い岩の上から水中に飛び込んだ勇敢さを称賛したのは仲間の兵士たちだけでなく、町の住民の間でもたちまち良い評判を得るようになりました。市長が不在のある時、何かの演説が必要だったのですが、住民はアルバロにスピーチをするようにと頼みました。大成功だったため、彼らはアルバロを肩にかついで演台から降ろしたほどでした。

エスクリバー神父が手紙の中で、アルバロを「サクスム」あるいは「岩」と呼び始めたのはこの頃でした。彼とビセンテ・ロドリゲス・カサドに宛てた二月十三日付けの手紙の中で、創立者は「サクスム！　私は自分の『岩』の堅固さを信頼している」。三月二十三日にはこう書いています。「イエスが私のためにあなたを見守ってくださいますよう、サクスム。あなたはそういう人物だとわかっていますす。主はあなたに剛毅を与え、サクスムという私の言葉を実現させられるとわかっています。主に感謝し、主への忠実を保ってください」。二ヵ月後、創立者はアルバロに、期待されている使命を思い起こさせました。「サクスムよ！　私には、その道——長い道——あなたが歩まなければならない道が見える。白くて実り豊かで成熟した畑のように。祝別された使徒の実り、地上のどんなに美しいものよりも美しい！　サクスム！」。六月末に、アルバロ、ビセンテ、エドワルド・アラストルエに次のように書きました。「あなたたちは皆、正しく振る舞っていて、私は君たち三人の中に、三つの岩を持っているということがわかっている。サクスム！」。

手紙の中で、エスクリバー神父が岩と呼び続けるこだわりに対して、アルバロは七月十二日に次のように応えています。「私は、あなたが信頼できるような人間になりたいと切望します。どんなことがあろうとも——岩というよりむしろ一貫性のない粘土のような私ですが。しかし主は本当にすばらしいです！」。

エスクリバー神父は言葉で表現したとおり、アルバロをさらに頼りにするようになりました。彼はオプス・デイの他のメンバーに手紙を書いたり、できる限り、彼らを励ますために訪問したりするようにと頼みました。また、例えば、終戦の暁にはマドリードに再開したいと希望していたオプス・デイのセンターの家事をエスクリバー神父の母親と姉に頼むべきかどうかなどについて、彼の助言を求めました。

**オロット**

一九三九年四月一日に正式に終戦を迎えましたが、アルバロは、その後も五ヵ月間、軍務を解かれず、四月九日から七月二十八日まで、バルセロナから北方へ約八十マイル離れたピレネー山脈にある町オロットで道路や橋の修復工事に携わりました。国民軍本部で働いていた大佐であったビセンテの父親のおかげで、ビセンテとエドワルドも同じ連隊に配属されました。

アルバロは地元の婦人の家に泊まるように割り当てられました。その婦人は、アルバロが自分の娘の結婚相手にぴったりだと思い、彼女の娘と結婚せざるを得なくなるような状況に彼を陥らせようとしました。遠く離れたマドリードで、アルバロが難しい状況に置かれていると気づいたエスクリバー神父は、その時一緒にいた人々に、今この瞬間に助けを必要としている人のために聖ベルナルドの『聖母のご保護を求める祈り』を唱えるようにと頼みました。アルバロは内からの声に促されるように、何事も起きないうちにこの家から即座に立ち去ることができました。エスクリバー神父は後に、『拓』に次のように書いています。「聖徒の交わり。『神父様、あの日、あの時刻に、私のために祈っていてくださったでしょう』と言ったあの若いエンジニアは、聖徒の交わりを十分に体験したのだった」（『拓』472）。それ以降、オプス・デイでは、最も助けを必要としている人のために聖ベルナルドの『聖母のご保護を求める祈り』を度々唱えることが習慣となったのです。

アルバロは、あらゆる機会を利用してエスクリバー神父と共に時間を過ごせるようにしました。六月の第二週に休暇をとり、創立者が黙想会で説教しているバレンシアの近くの町へ向けて出発しました。距離的には三百マイル弱でしたが、戦争で鉄道も道路も寸断され、四十八時間かかりました。アルバロが疲れ切っているのを見て、エスクリバー神父は休むようにと言いましたが、アルバロはちょうどエスクリバー神父が始めようとしていた黙想会に出席すると言い張りました。そして聖堂のベンチに座るや否や、彼は居眠りをして大きないびきをかき始めました。黙想会の出席者の多くは、突然現れて、聖堂で無礼にもいびきをかいている若い兵士に立腹しました。しかしエスクリバー神父はアルバロの形成に対する熱意に心を動かされ、聖堂で寝込んでしまった三十分間は、間違いなく祈りとして天に届いたと疑いませんでした。

アルバロは士官として、自分の権限下にある既婚の兵士たちが家族を訪問できるようにできるだけ頻繁に休暇をとれるよう特別な配慮をしました。兵士たちがしばしば神を冒瀆したり、卑猥な話にふけったりするのを妨げる努力もしました。また彼らが売春宿に出入りしないよう説得しました。この忠告を聞き入れない時には、何度か盗賊が現れたという事実を利用して、兵士たちが通ると思われる道に近いところに陣取り、近づくと空中に向けて発砲し、彼らが兵舎に戻るよう仕向けました。

アルバロはわずか三～四ヵ月のみ彼の部隊を指揮しただけですが、兵士たちから慕われました。アルバロがマドリードに再配属されるという知らせが広まった時、見知らぬ兵士が壁に「兵士よ！ アルバロ中尉の旅立ちを嘆くな。何と良い父親を失ってしまうことか！」と落書きしたほどです。

彼はその間、何人もの士官と親しくなりました。中には後に有名な画家となった産業技術者のフェルナンド・デ・ラ・プエンテもいました。二人はしばしば一緒に田舎町を馬で巡回しました。石の壁を見ると、アルバロは「馬がジャンプできるかどうか見たいものだ」と言って、ギャロップし、壁にぶつかっていったものです。負けられないと思ったデ・ラ・プエンテは、まるで自殺行為ではないかという恐怖心から、目を閉じて彼の後を追ってギャロップしたものです。三～四ヵ月後に、プエンテはなぜオプス・デイに加入することになったのかと尋ねられ、半分頭のいかれたあの離れ技ですらアルバロに追随するのに慣れてしまい、この召命についても彼に従おうと決めたと答えました。

一九三九年七月にアルバロはマドリードに配属され、九月三日には陸軍から除隊され、一般市民の生活に戻りました。オプス・デイの使徒職再開に直接貢献できる首都に戻るのは彼にとって大きな喜びでした。

# 第八章　サクスム

陸軍から除隊された後二年も経たないうちに、アルバロは、エスクリバー神父が信頼のおける岩としての役目を果たせることを実証したのです。彼は公共事業省の工学技師として働き続けながら土木工学の課程を修了しました。さらにスペイン内乱中に瓦礫《がれき》となってしまった学生寮に代わる施設を設立する作業に取り組み、マドリードおよびスペインで他の地域におけるオプス・デイの使徒職活動の拡大に果敢《かかん》に取り組み、新しいメンバーの形成を助け、オプス・デイの発展と統治の面で貢献し、エスクリバー神父に全面的に協力しました。

## 若いエンジニア

アルバロは一九三九年九月から一九四一年七月まで工学技師として公共事業省に勤務しました。その期間の大半は、スペイン内乱中に破壊された架け替えが必要な橋の設計に携わりました。同省は、以前から工学技師を目指す人たちが働きながら授業に出席することを許可し、エンジニアに育てあげる制度を設けていました。この制度はスペイン内乱後も継続されましたが、仕事と勉強の両立はこれまで以上に困難になってきました。というのも、エンジニアの火急の必要性を鑑みて工学専門学校の課程の進度が加速化されたからです。

スペイン内乱中、大学レベルの教育はすべて停止されました。つまりその間の三年間、卒業するエンジニアは一人もいませんでした。さらに多くのエンジニアは、戦時中、戦死したり負傷したりしました。国家のインフラを再建するためにはエンジニアが必要でした。そこでその需要を早く満たせるように、工学専門学校の学生が一年間で二年分の勉強ができるように特別プロジェクトを編成したのです。

アルバロは一九三九年九月にこの特別プロジェクトで三年目の課程を開始し、一九四〇年三月には修了しました。わずかな休みの後、彼は一九四〇年四月から十月まで四年目の課程をとりました。五年目と最終学年の課程は十一月に開始されました。課程は残りわずか一年だけでしたが、この最終学年が始まる直前、アルバロは、オプス・デイのためにさらに十分に尽くせるように工学専門学校をやめる心づもりがあるとエスクリバー神父に伝えました。しかしながらエスクリバー神父は学業を終了するようにと勧めました。

工学技師としての仕事を持ちながら、三年間の工学専門学校の授業をこなして二年間で最後のプロジェクトを終了するというのは、忙しいどころではありませんでした。それに加えて、アルバロはオプス・デイを広めるために何度も旅に出かけ、オプス・デイの拡大と統治の面でエスクリバー神父を助けるためにかなりの時間を費やしました。

これらの活動によって単に勉強時間が削られるだけでなく、しばしば授業に出席することすらできませんでした。中には、何回か授業に出席しなかった学生に対しては試験を受けることさえも許可せず、正当な理由のない授業の欠席は三回までしか認めないといった教授もいました。アルバロは三回どころか何回も授業に出席していませんでした。仲間は、皆が恐れているその教授は例外を認めることなどありえないと思っていました。アルバロは試験を受けさせてもらえるよう説得には成功しましたが、試験は口頭試問であり、クラス仲間は彼の解答がどんなに優れていても不合格になるものと予想していました。ところがアルバロは合格し、七月までに彼はすべての試験と要求されていた最終プロジェクトを修了しました。

一九四一年七月十五日の卒業式の直後に、アルバロは公共事業省に技師として雇用されました。しかしながら、彼はエスクリバー神父に協力して仕事をするために、ほぼ就職直後にその役職を辞任しました。これはいろいろな意味で英雄的な決断でした。なぜならば彼は土木技師になるという目標をようやく達成したばかりだったからです。就任した役職は名誉ある地位で明るい未来が開けていたのです。一方、オプス・デイは単にエスクリバー神父のまわりに集まった若者の小さなグループとしか思えませんでした。マドリード司教の支援はあったものの教会内では正式な存在ですらなかったのです。メンバーの数はわずか二十～三十名でほとんどの人はまだ若くて、活動範囲も非常に限られていたのです。それにもかかわらず、アルバロは、喜んでキャリアを犠牲にしてエスクリバー神父の仕事を助けたのです。

## 使徒職の旅

エスクリバー神父は一九二八年の創立当初から、オプス・デイが世界中へと発展することを心に描いていました。一九三六年には、わずかの人数でありながら、バレンシアだけでなくパリでも活動を開始するための詳細な計画を立てていましたが、スペイン内乱の勃発で実現不可能になりました。この紛争が終結を迎えたと思うや否や、ヒトラーがポーランドへ侵入、第二次世界大戦の口火を切る要因となったのです。再び、スペイン以外の国への進出は延期せざるを得なくなりました。

海外へ進出できないとしても、少なくともマドリード以外の都市で使徒職活動を始めることが可能でした。創立者および他のメンバーは週末にバレンシア、バリャドリッド、サラゴサ、サンセバスチャン、バルセロナまで通い始め、大学生に会ってオプス・デイの精神を説明し、実行し始めるように助けました。当初アルバロはエスクリバー神父に同伴してこれらの旅に出かけていましたが、やがて創立者は、アルバロの知性、成熟度、善良な精神、人徳を見込んで、このような所での週末の活動は彼一人で責任を果たせると判断し、エスクリバー神父は他の都市に出かけるかマドリードに滞在するようになりました。一九三九年九月から一九四一年九月の間に、アルバロは二百日間も各地を訪れ、どんどん増えていくメンバーの青年たちにオプス・デイのメッセージを伝え、支援と形成を行いました。

これらの旅は疲れるものでした。アルバロと他の何人かのメンバーは、通常、土曜日の仕事や講義の後、マドリードを出発し、古びた列車の三等客室の木製のベンチで夜を過ごしました。アルバロはその揺れる列車の薄暗い光の中で、かなりの時間、勉強をして過ごしました。日曜日には、彼と他のメンバーは人に会い、オプス・デイの精神について話や講話をして、その夜、夜行列車で戻り、月曜日、仕事にようやく間に合う時間に到着するというスケジュールでした。

これらの旅で、ある時バリャドリッドでアルバロの話を聞いた学生は、後になってアルバロに対する第一印象を次のように語りました。「アルバロは、オプス・デイで身につけた信仰生活について詳しく話しました。祈りと秘跡――全く奇妙でもなく、異常でもなく、見せびらかしでもなく、外面的なものではない堅実な敬虔さ――を通しての神との一致を強調しました。司祭がこのようなことを言うだけでも新奇性がありましたが、普通の人、特に土木工学、つまり当時スペインでは、大学の中でも特権階級を代表する学部を修了した人から出た言葉には限りなく驚かされました」。

当時の教会法では、聖体を拝領するには、前夜半から食物と水も断たなければなりませんでした。スペインの酷暑の中で、飲料水すらなく、眠れない列車での二晩は、大変な犠牲でした。それにもかかわらず、アルバロは戻って来ると笑顔で、成し遂げたことに微笑み、楽天的でした。彼の寛大さと他のメンバーの寛大さでもってオプス・デイに加入する青年の数は増加し続け、やがてバレンシア、バリャドリッド、バルセロナにセンターが開設されました。

## 他のメンバーを支えながら

スペイン内乱が終結するまで、エスクリバー神父はオプス・デイのすべてのメンバーだけでなく、使徒職活動に参加している学生たちに個人的な助言を与え形成を続けました。終戦直後、マドリード以外でのオプス・デイのメンバー数の増加と発展は目覚ましく、エスクリバー神父以外の人が責任の一部を担う必要性が生じてきました。エスクリバー神父は、真っ先にアルバロにメンバーの霊的な指導を任せました。

彼らがオプス・デイを理解して、その精神をより良く生きるのを助けるにあたり、「アルバロは何にもまして、彼らがホセマリア神父と一致するように助ける努力をしました。なぜならば、ホセマリア神父は、彼らが召されたオプス・デイを創設するために主が使われた道具だからです」と彼の後継者は述べています。オプス・デイは文字どおり神の業で、彼の役割はエスクリバー神父が神から受けた精神を他の人へ伝えることだと確信していました。

彼が与えた助言の内容は、マドリード以外に住んでいるメンバーへ宛てた手紙に垣間見ることができます。彼は目標を高く定めて本物の聖性を目指すように励ましていました。例えば、ある手紙では次のように述べています。「私たちは一人ひとり、高い目標に到達するというはっきりとした義務がある……。私たちはあるべき姿になること、『ノー』と言うことに慣れること、そしてどんなに小さなことにも忠実であることが不可欠である」。通り一遍の訓戒では飽き足らず、特定の状況の中で、いかにオプス・デイの精神を生きることができるかについて実際的に細かな面まで指導しました。

アルバロは、はっきりとした性格で厳しい面もあったかも知れません。ある人への手紙で、「悲しんだり、寂しがったり、うまくいきそうにないことについて文句を言ったり、病気を重視しすぎたりすることは正当化されない」と述べています。「イエスが私たちを愛しておられる、というのは真実ではないのですか？　それならば……神は善であるがゆえに、すべてが善です。だから私たちは常に喜んでいなければならないのです！　生理的な喜びではありません。それは内的な心の平和であって、常にそれが外面に映し出されていなければなりません。それは神への愛、そしてまわりにいる人々への愛のゆえに」。

彼は、神の助けがあれば何事も可能だと皆を激励し、主張していました。ある人は、どうしても克服するのが困難な小さな性格上の欠点についてアルバロに話した時、「それを克服したいと望むことに加えて大事なことは、天国からの助けに確信を持って頼ることです。何か事態が起きた時には、全幅の信頼を持って神のみ手に委ねるべきだと語りました。それは私の性格の一部だから変えるのは不可能だといった考え方を避けるようにと私を励ましました」と回想していました。

オプス・デイにおいて重責を担っているにもかかわらず、アルバロは自分を目立たせたり、創立者との関係をひけらかしたりすることは全くありませんでした。かえって、加入したばかりのメンバーや、かなり年下のメンバーを含むすべてのメンバーに、形式ばった「ウステ」（あなた）ではなく、親しみのある「トゥ」（君）を使うように奨励していました。

## エスクリバー神父の右腕

エスクリバー神父は、アルバロは頼ることができる堅固な岩だと思いました。アルバロは創立者の精神を全面的に自分自身のものとし、すべてを彼の意向にそって対処しました。一九三九年十月、エスクリバー神父は彼をオプス・デイの事務局長に任命し、これによりオプス・デイで二番目の権威者となったのです。オプス・デイの統治について、エスクリバー神父の正式な協働者としての出発点となりましたが、それは一九七五年の創立者の帰天まで続くことになりました。

新しい職務は二十五歳という青年にとって重責でした。当時、オプス・デイはまだ教会内で正式な法的地位はなく、もともと世界の出来事にほとんど影響力を持たない一国の学生と最近卒業したばかりの学生から成る名も知れないグループでした。しかしアルバロは、世間の真《ま》っ只中《ただなか》にいながら、聖性に召されているという普遍的なメッセージを今後何世紀にもわたって世界中に伝え広めていくことになる『神の業』というエスクリバー神父のビジョンを文字どおりに理解していました。特に草創期にあり、あらゆる意味で一歩誤ると悲惨な結末を引き起こしてしまうため、責任は重大でした。しかし、アルバロは神に全幅の信頼を置き、ひるむことなどありませんでした。

エスクリバー神父はスペインの多くの司教たちに司教区の司祭のための黙想会での説教を頼まれていたため三分の一の期間は不在でしたが、その間、アルバロがマドリードでの責任者でした。どのような質問をされても、アルバロはエスクリバー神父ならばどのように対応するかということを指針としていました。確信が持てない場合には、「後ほどお返事します。パドレに尋ねてから回答します」と応えました。

## オプス・デイに対する攻撃

オプス・デイに対する過酷な中傷運動の矛先が向けられたのですが、アルバロは、事務局長としてエスクリバー神父と共に耐えました。教会の歴史の中で、新しい組織の創立者というのは、しばしば仲間のカトリック信者からさえも批判や非難の対象とされたものです。イエズス会の創立者は宗教裁判の結果、二度も監禁されました。スペインの教皇大使は、カルメル会の改革者であったアビラの聖テレジアを「落ち着きがなく、移り気で、不従順で強情な女性」と描写していました。オプス・デイとて例外ではありませんでした。

スペイン内乱勃発前ですら、エスクリバー神父は、特にマドリードの聖職者の間で批判の的となっていました。一九四〇年代のオプス・デイの発展に伴って攻撃は一層高まりました。三つのグループ、つまり何人かの大学教授、ファランヘ党政府組織の特定の役職員、一部の修道会の司祭および会員による非難を浴びました。

当時スペインの大学では、教授は試験の結果によって採用の可否が決められたのです。スペイン内乱中そして戦後まもなく多数の自由党および左翼系の教授はスペインを離れましたが、一方で他の人たちはフランコ政権によって解職されました。このため多数の空席ができ、若い学究者が通常と比べてかなり若くして教授になることが可能であったのです。一九四〇年から一九四五年にかけてオプス・デイの十一人のメンバーが教授になりました。これは教授の総数からすればわずかではありますが、新任のうち六%に相当しました。それで競争に負けて教授になれなかった人とか、大学の学部に熱心なカトリック信者が存在することに反対であった教授たちは、オプス・デイがスペインの大学を「支配しよう」と企てているとして非難したのです。

さらに危険な非難は、国家が支援するファランヘ党内での批判でした。ドイツの国民社会党とかイタリアのファシスト党のように、ファランヘ党はスペイン唯一の合法の政党であり有力だったのです。他の多くのスペイン人と同様にオプス・デイの一部のメンバーはファランヘ党に所属していましたが、拒否する人もいました。オプス・デイはメンバーが市民としての責任を真剣に果たすように奨励しましたが、政治問題に関しては、彼らは完全に自主性を持つことを強調して、ファランヘ党および同党の支援学生組織への参加を促すことを拒否しました。

このような政治的自由というのは、スペイン人全員に積極的な忠誠を要求する一部のファランヘ党員にとっては受け容れられませんでした。彼らは、「フリーメーソンのユダヤ派」とか「フリーメーソンと関わるユダヤ教派」であると非難し、フリーメーソンおよび共産主義弾圧の特別法廷にオプス・デイを告発しました。今日では、この非難は笑い話のようですが、スペイン内乱後の緊迫した雰囲気の中においては、非常に重大なことでした。正式な裁判手続きはやがて免訴されましたが、かと言って、ファランヘ党の非難や反対を鎮圧することにはならず、その後、何年も続きました。

最も重大かつ痛ましいオプス・デイに対する非難は、他のカトリック信者から浴びせられました。オプス・デイは、宗教裁判を継承するバチカンの聖座によって近々閉鎖されることになる異端組織だという噂が聖職者の間で広まりました。バルセロナの修道院ではエスクリバー神父の著書、『道』が十六世紀のアウト・デ・フェ（異端判決宣告式）の名残として焚書《ふんしょ》の憂き目にあったのです。

一部の司祭や修道者から、オプス・デイは教区の神学生や修道会から召命を奪っているという苦情も聞かれました。一部の修道会の会員は、アルバロの母親を含めオプス・デイのメンバーの家族を訪問し、あなた方の子息は異端と関わっており、霊魂を失ってしまう大きな危険にさらされていると警告しました。アルバロの母親は、エスクリバー神父も息子のことも知っており、そういった非難には当たらないし、心配もしていないと答えました。しかし、中には大変動揺した親たちもいました。何人かのスペイン司教にも苦情が伝えられ、さらに困ったことに聖座にも苦情が届いたのです。一九四一年、イエズス会の総長は、オプス・デイに対する非難の文書をバチカンに送りました。

エスクリバー神父は、まわりで起こっている論争からオプス・デイのメンバーを守ろうと努力する一方、アルバロにはすべてを知らせ、青年事務局長はエスクリバー神父とその重荷を分かち合いました。

何回かにわたって、彼は、届けられた非難で困惑している教会当局との対応を求められました。

例えば、ある時、マドリードの教皇大使は、オプス・デイは司祭や修道会から召命を奪って教会を破壊しようとしていると伝え、エスクリバー神父がマドリードに不在の時に、オプス・デイからの説明を要求しました。教皇大使はエスクリバー神父が戻ってくるのを待てる雰囲気ではなく、アルバロが会いました。彼の非難を前にして、アルバロは落ち着きを失いませんでした。「私たちは、みな職業人です」と答えました。「私たちは働いて生活費を稼ぎ、ポケットの中にお金を持っています。人の霊魂を失うためにはもっと面白い方法があることをお教えしましょう」。教皇大使はこの常識的な回答に非難を和らげ、アルバロの話を最後まで聞きました。そしてオプス・デイについてさらに知るようになり、後にはオプス・デイが信頼できる支援者の一人となりました。

ある時、ある人がアルバロに、創立者からのメッセージを司教に、時には教皇に伝えることは重荷に感じないかと尋ねました。他の人は、どこからそのような勇気が湧いてくるのかと尋ねました。アルバロは、「魚の奇跡と聖ペトロの言葉、『お言葉ですから、網を降ろしてみましょう』という言葉を常に心に留めておくようにします。私はパドレが言われたことについて考えます。そして彼に従うことによって私は神に従っているのです」と答えました。

エスクリバー神父は、オプス・デイの財務面やマドリードとスペインの他の都市に新しいセンターを設立することなど多くの面でアルバロを頼りにしていました。オプス・デイは急速に発展していましたが、メンバーの大半は学生とか大学を卒業したばかりで、収入が限られていました。新しいセンターのために借りたり購入したりするためにかなりの無理をしていました。どうにか彼らはマドリードの環境の良いところにふさわしい家を購入することができましたが、購入後、お金がなくて暖房設備を修理することができず、一九四〇～四一年の冬は暖房なしで過ごしました。家具購入のためには、マドリードの中古品を探しました。

アルバロは、やりくりするためにしばしば綱渡りのようなことをしなければなりませんでした。しかしペースを落として、「布に合わせてコートを短くしよう」と考えるのではなく、アルバロは、資金不足であっても素早く進めていくというエスクリバー神父の取り組みを全面的に支持しました。彼は「費やす費用をすべて借金することになってさえも、すべきことすべて」使徒職活動の事業に費やすようにという創立者の忠告を心に深く刻み込んでいたのです。

## 困った時の支え

エスクリバー神父はすでに教会によって聖人と宣言され、アルバロも近々列福されることになっていますが、二人とも、どんな困難に直面しても、神の恩恵を受けた鉄の柱のような強い性格に考えられがちかもしれません。しかし、決してそうではありません。彼らは間違いなく聖なる人々で強い性格の持ち主ではありましたが、彼らもまた人間的な愛や支援を必要としていました。長年二人と共に過ごしたエチェバリーア司教は、「お互いのユーモアで影響を及ぼし合いながら、特に神はご自分の創造物を見捨てられることはないという信念を持って、いかにお互いに助け合っていたか」と述べています。エチェバリーア司教の言葉を借りれば「このオプス・デイの初期の頃から、アルバロはオプス・デイの統治という仕事において第一の偉大な協力者でした。彼は、創立者が委託した仕事を賢明に実行する人であり、またオプス・デイの他の信者に伝えるようにと言われたことを忠実に伝える連絡係だった」と述べています。

エスクリバー神父は、オプス・デイにおけるアルバロの役割は摂理だと考えていました。「私はアルバロを探しはしなかった」と述べ、「主が彼を私の傍らに置かれ、神の恩恵の助けによって、彼は人間的にも超自然的にも成熟した。彼は偉大なる勇気を持って命を捧げ、身を引くことはなかった。彼は常に前向きで、愛想よくユーモアを絶やさなかった」と続けました。

# 第九章　オプス・デイの司祭

エスクリバー神父は、一九二八年の創設時から、オプス・デイは司祭と信徒で構成されると理解していました。彼は、使徒職活動は聖職者と信徒の協働が必要だと明確に理解していたのです。それは信徒が司祭の使徒職に貢献するとか、司祭が信徒の使徒職をサポートするという意味ではなく、使徒職は双方によって合同で行われるということです。

オプス・デイの司祭の使命は霊的な面に限られました。他のメンバーの在俗的な活動を指示するのではなく、使徒職の熱意と内的生活を育成することです。一九三一年にエスクリバー神父が書いたように、「司祭は単に霊魂の霊的指導者であって、それは決して小さなことではありません」。

エスクリバー神父の初期の頃の信奉者の中には、何人かの教区司祭もいました。一九三二年には毎週、教区司祭のために一連の形成のための集まりを持ち始め、一九三四年二月には、そのうちの多数の人がオプス・デイに傾倒しました。しかしながら、それらの善き人々でさえオプス・デイの精神と創立者としてのエスクリバー神父の役割を全面的に理解することが不可能でした。深刻な経済的困難にもかかわらず、オプス・デイの初期の使徒職活動を推し進めるのは、向こう見ずとしか思えないとエスクリバー神父の大胆さに批判的な人もいました。

オプス・デイの精神を完全に理解することなく、これらの多数の司祭はオプス・デイのメンバーの間に混乱の種を蒔いてしまいました。スペイン内乱の直前、エスクリバー神父は、彼らとオプス・デイとの関係を絶とうとさえ考えるほどでした。しかしながら、彼らの信仰を考慮すると、エスクリバー神父は「オプス・デイ特有の活動は別として」彼らの司祭職で貢献するように頼み続けることにしました。

こういった意味では、彼は一九三〇年に個人的なメモに書き留めておいた結論に帰着しました。「将来、オプス・デイの司祭はオプス・デイの精神で形成を受けた信徒の中から出なければならない」。オプス・デイが司祭を叙階することなど今のところないけれども、エスクリバー神父は、司祭が生まれることを心の中で祈るのみでした。何年か後に彼は次のように書いています。「私は今後数年のうちに叙階される兄弟たちと、今後同じ道を歩むであろう人々のために熱心に祈ったという確信がある。私はオプス・デイのすべての司祭は、私の祈りの子どもだと言えるほどたくさん祈った」。

スペイン内乱直後の数ヵ月間のうちに、オプス・デイの使徒職活動の発展に伴い、司祭の必要性が差し迫ってきました。エスクリバー神父は、オプス・デイが司祭を叙階できる方法を求めて、何時間にもわたり教会法典を詳細に調べました。それは無為に終わりました。問題は教会法典に書かれている二つの要件でした。まず、叙階を受けるためには、必然的な権威者によって司祭職に召されなければなりません。教会法典の下では、権威者とは教区司教または修道会またはそれらと同等の長のみなのです。オプス・デイは明らかに教区ではなく、修道会あるいはそれに似た組織ですらありえませんでした。それは個人的な聖性を求め、日常の生活の中で使徒職を行いながら世間にいながらにして、その中で世間を聖化していこうというものでした。一方、修道会やそういったグループは、その当時、コンテムッス・ムンジ（世を厭う）として知られていた特徴、つまり俗世間から隔たっていることを証することが必要でした。二つ目の問題も良く似たものでした。一度叙階されると、司祭は、その教区または修道会あるいは同等の組織に留まらなければなりませんでした。

## アルバロの司祭への召命

エスクリバー神父は、一九三九年のある時から、アルバロを司祭の候補者であると考え始めました。彼は、アルバロに司祭になる気があるかどうか、いつ尋ねたかはわかりませんが、間違いなく一九四〇年の春以前のことでした。アルバロは後になって、エスクリバー神父は、その会話の中でこの招きを受け容れるのも拒否するのも彼の自由だということをいかに強調していたかを回想しています。「その気があり、そしてそれを望んでおり、そして何の異存もなければ、私はあなたを叙階してもらう。しかしそれは完全に君の自由だ、と言われたのです」。

アルバロが司祭職に特別に惹かれたことを示唆することは何もありません。しかしながら、彼の召命の最初から、創立者がしばしば述べたように「オプス・デイをする、自分自身がオプス・デイになる」ことに全面的に献身したのです。経済的に家族を助けるために工学の勉学を延期する心の準備ができていたように、職業的な目標よりもオプス・デイを実行し、その発展を助けることを優先させました。必要なことを行うために完全に自分を生かすという意欲を持っていたことを考えれば、それがまだいつ、どのようにしてかわからなくても、創立者が望まれるのであれば喜んで叙階を受ける、と言ったとしても驚くに値しません。その後少し経って、エスクリバー神父は自分の個人のメモに書き残しています。「神よ、アルバロが聖なる司祭となるように、彼の心を燃え立たせてください」。ほぼ同じ時期に、彼はホセ・マリア・エルナンデス・ガルニカにも司祭になる可能性を提案しました。

アルバロそしてホセ・マリアの叙階の可能性はオプス・デイのメンバーにとって大きな喜びとなりましたが、一方、仕事の同僚たちの多くは、不可解だとは言わないまでも、ショックを受けました。スペインでは、エンジニアは社会的誉れが高くて明るい未来が待っていました。それとは対照的に、一般的に司祭は名声などありませんでした。アルバロが叙階されると知り、マドリードの司教ですら彼に尋ねたのです。「君はアイデンティティーを失うことに気づいているか？今、君は評判の高いエンジニアなのに。これからは大勢の司祭のうちの一人にすぎなくなる」。アルバロは、「司教様、私は何年か前にすでに自分のアイデンティティーをイエスに捧げました」と応えました。

一九四一年には、ホセ・ルイス・ムスキスがアルバロとホセ・マリアに続いて加わった三人目のエンジニアでしたが、叙階の準備のための勉強を始めました。それは創立者に絶大な信頼を持つことが要求されました。なぜならば彼らはまだ叙階への道が見つかっていないことを知っていたからです。マドリードの司教は、彼らが密かに勉強し、神学生になるのではなく、教区の神学校で試験を受けることに同意したのです。彼らは時には一週間ないし十日間、朝から晩までマドリード以外の所で勉強をしました。そのような時期のある時、アルバロはエスクリバー神父に手紙をしたためました。「パドレ、私は善い人になり、オプス・デイの中で教会のために働きたいという大きな望みを持っています。ところが残念ながらしばしば私は馬鹿な振舞いをし、行うべきことを怠ります。パドレ、私がいつの日か、あなたのみ手の中で、素直な良い道具になれるようにお祈りください」。

## 聖十字架司祭会

一九四三年二月十四日、エスクリバー神父はミサを挙げている最中に、司祭がオプス・デイの中にどのように統合されるかについて神から光を受けました。解決策は聖十字架司祭会でした。――在俗司祭と司祭職に最もふさわしい準備をしている信徒で構成される司祭会です。それはとても完璧な形態とは言えませんでした。なぜならば誓願なしで普通の生活をする団体といえば、容易に修道会と混同されてしまいそうだからです。そのうえ、オプス・デイは新しく組織された司祭会の一部のように考えられるからです。ところが実際には、司祭会はオプス・デイのわずかな一部なのです。不完全であっても、この方法は、有効な解決策で、当時においてはそれが唯一の形態だったのです。

マドリード司教は、聖座による事前の許可なくしては司祭会を設立することはできませんでした。司教の正式な嘆願方法を準備するため、アルバロは一九四三年五月二十五日、聖座にオプス・デイとは何か、また要請している内容を説明するためにローマへ向けて飛び立ちました。最初は疑念を抱いたものの後にオプス・デイの堅固たる支持者となったスペインの教皇大使からの紹介状を持って行きました。

彼が乗ったイタリアの航空会社の飛行機は、英国機と枢軸国の軍艦との戦闘の真っ只中《まっただなか》を飛行中とわかりました。搭乗者の多くは怖がっていました。スペインからイタリアに帰国しようとしていた俳優は、「マンマ・ミーア！　本当に危険だ！　我々は皆、溺死するんだ！」と叫び始めました。しかしアルバロは「私は神が望まれる使命を果たそうとしている。だから何も起こらない」と自分に言い聞かせながら冷静を保っていました。

一九四三年六月四日にピオ十二世教皇との謁見に際して、彼はスペイン人のエンジニアが公式な場で着用する目立つユニフォームを着用しました。というのも、工兵隊はもともとスペイン陸軍の一部だったからです。バチカンへ行く途中、ある女性が「驚きだわ。あんなに若くして彼はすでに最高司令官だなんて！」と言うのが聞こえてくるのを面白がっていました。バチカンの入口では、衛兵もまた彼は高級将校だと勘違いしました。衛兵は仲間を集め、閲兵するよう招きました。彼はそれを当然のことであるかのように装っていましたが、おそらく心の中では苦笑していたことでしょう。

教皇は、アルバロがオプス・デイについて、また信者の中から司祭が叙階される必要性について話した内容に温かみのある関心を示したという事実以外、謁見自体についてはほとんど何も知られていません。後になって、教皇の側近の一人がオプス・デイのメンバーに話したことによると、教皇はあの若いエンジニアに非常に感銘を受けられたということです。

アルバロは六月二十一日までローマに滞在しました。彼の日々の予定は一杯で、最初の三週間は主要なバシリカやカタコンベを訪れることすらできませんでした。彼は、オプス・デイは教会を破壊しようとしているという噂のために、オプス・デイの書類を教皇と共に個人的に詳細に研究したと述べた国務省長官を含む多数のバチカンの高官に会いました。[6] 高官の中には、一生を通じての友人となったモンセニョール・モンティーニ（後のパウロ六世教皇）もいました。

初めてのローマ滞在でアルバロが友だちになったのは、高位聖職者のモンセニョール・モンティーニだけではありませんでした。当時ローマに住んでいたオプス・デイのあるメンバーによると、アルバロの若さと、彼はまだ司教どころか司祭ですらなかったにもかかわらず、ベテランの高官が、彼の人間的深みと同時に超自然的深さを見抜き、また「教会の将来についての重要性および彼が話している『新奇性』のある世界」について敬意と偉大な関心を寄せ、彼の話に耳を傾けていたということです。

この旅は完全な成功裡に終わりました。一九四三年十月十一日、聖座は聖十字架司祭会の設立を認可しました。それは十二月八日、無原罪の聖母の祝日の出来事でした。

## 司祭になるための準備

エスクリバー神父は三人のエンジニアに神学の指導をするために優秀な教授陣を集めました。マドリードの神学院の教授たちの他、通常はローマおよびエルサレムで教鞭をとっているが、第二次世界大戦によってスペインから出られないでいる多数の教授にも依頼しました。エスクリバー神父自身が司牧神学を教え、ミサの司式を指導しました。アルバロは工学の勉学中の最終学年以上に忙しかったのですが、常に講義に出席し、勉強する時間を捻出しました。

6　アルバロがローマに出向いたことについて、外交問題とは無関係なのに、なぜ国務省長官に会いに行くのか不思議に思う人もいるでしょう。しかしながら、国務省長官というのはバチカンでは二番目に高位の座で、外交関係のみならず、バチカンの中央管理業務に携わる組織の仕事を監督します。国務省には外務局とバチカン内部のことに携わる総務局があります。それぞれの局は、長官代理もしくは次官を長とします。国務省長官は、すべての重要な問題にある程度関わります。

エスクリバー神父は、オプス・デイの司祭は教会博士号のみならず世間一般の博士号も取得することを望みました。彼はアルバロと他の二人がローマまたはフリブールに行き、神学博士号を取得できることを希望していましたが、戦争そしてオプス・デイの数少ない司祭の奉仕という緊急の必要性から、なかなか実現できませんでした。アルバロは、ようやく一九四八年にローマの聖トマス大学（アンジェリクム大学としても知られている）で教会法の博士号を取得しました。

一九四〇年代にはスペインの大学では工学博士号を取得する制度が設けられていませんでしたので、アルバロが一般教科で博士号をとるとすれば、他の教科で取得しなければなりませんでした。このような理由で、彼は哲学・文学部に入学しました。講義に出席しなくても『フリー・ステューデント』が試験を受けることを許可するという規定に則り、彼は一九四三年に歴史の修士号を取得しました。彼には時間のゆとりがなかったので、出版済みの資料のみに基づいて卒業論文を書いても不思議ではないと思えますが、実際には、セビリア総合古文書館で、またマドリードでは歴史古文書の研究を重ねました。一九四四年五月、彼はマドリードのセントラル大学で歴史の博士号を取得しました。スペイン人による最初のカリフォルニア探検についての彼の卒業論文は、大学の特別賞を受賞し、一九四七年に *Descubrimientos y exploraciones en las costas de California*（カリフォルニア沿岸部の発見と探検）というタイトルで出版されました。

## 司祭叙階

アルバロと他の二人は一九四四年六月二十五日にマドリード大司教館の聖堂で叙階されました。エスクリバー神父は出席しませんでした。彼は家に留まり、新しい司祭のために祈りながらミサをたてました。一九八九年にドン・アルバロは彼が出席しなかったことについて、次のように説明しました。「その日は、人間的にも超自然的にも創立者にとって勝利の日でした……。もしも彼が行ったならば、彼が注目の的になってしまうと考えたのです……。『自分自身は隠れて消え去ること』と結論を出したのです。『イエスのみが輝くべきで、消え去るという謙遜を主に捧げること、他の人の批判を受け容れることが彼の勝利でした』」。エスクリバー神父は、叙階の後のレセプションで、当時のスペインの習慣に倣ってアルバロの奉献したばかりの手に口づけしようとしました。しかしアルバロは反対に先に創立者の手に口づけしようとしました。

オプス・デイのメンバーの昼食後の打ち解けた雰囲気での団らんで、エイホ・イ・ガライ司教が、オプス・デイを厳しく批判した修道者に対して、オプス・デイのメンバーが恨みを持つのではないかという懸念を口にした時に、ドン・アルバロは、彼らはそのような修道者のことを、主がオプス・デイを手術するため使われたプラチナの外科用メスのようなものとして考えた、と述べました。彼は、「しかし、それはパドレから同じ説明を聞いたからそのように言ったのです」と付け加え、それに対して司教は「この親にして、この子あり」と応えました。

夕方近くに、エスクリバー神父は叙階式のために集まったオプス・デイのメンバーのために説教をしました。何年も経て、創立者はその日何を話されたかと人々に質問されたならば、オプス・デイのメンバーの生活の鍵となる「祈り、祈り、祈り、節制、節制、節制、仕事、仕事、仕事」を強調されたと応えるべきだと述べました。

## 聖人の腹心

ドン・アルバロは、叙階される何年も前からエスクリバー神父を最も支えた人であり、エスクリバー神父が頻繁に心を打ち明けた人でした。彼は他の人には気づかれなかった創立者の苦労を何度も目撃していました。例えば一九四一年九月二十五日には、途絶えることのない辛辣な批判や、聖座に向けてさえもオプス・デイが公然と非難されるという状況を前にして、エスクリバー神父は手紙でアルバロに打ち明けています。「オプス・デイは教皇様に愛されると確信しているが、ミサの聖体変化の後、心が引き裂かれるようなことをしなければならないという内的な衝動を感じました。目頭が熱くなり、コルポラーレの上のご聖体を見つめながら、心の底から言いました。『主よ、あなたがそれをお望みならば、私はこの不正義を受け容れます』。この不正義とは何を意味しているかわかるでしょう。——『神の業』を破壊してしまうことです。私は、こう言うことによって、神がお喜びになるとわかっていましたが、私は本意で言ったのです。しかし、もしも神がそのように望んでおられるとすれば、どうしてこういった神のみ旨に沿った行いを拒むことができるでしょう」。

エスクリバー神父は続けました。「アルバロよ、パドレのためにたくさん祈ってください。イエスは、敵がこの信じ難いほどの嘘と中傷のキャンペーンがいかにひどいものであるかを私にわからせようと許される。その結果、純粋に人間的な傾きから、私の中で動物的な心が湧いたのです。しかし神の恩恵によって、そのように清廉潔白で正義に満ちたように思える、またおそらくそうである自然な傾きを私は常に拒否します。私は喜んで、聖なる父子関係に溢れた神の子としての〝fiat〟（なれかし）の道を開くのです。私は神の子です！　そうすると平和と喜びに満たされ、忘れることができるのです」。

エスクリバー神父は、アルバロが叙階された翌日、彼に告解を聴いてくれるようにと頼みました。その時から一九七五年の創立者の死に至るまで、ドン・アルバロは彼の聴罪司祭を務めました。彼らの関係はそれまでも非常に親密でしたが、この後、さらに親密さが増していきました。神はエスクリバー神父に特別な恩恵を恵まれたのですが、それゆえに、内的生活が深く、エスクリバー神父と霊的生活が一致して、日々の出来事の中で、与えられた恩恵に応えるようにエスクリバー神父を指導できる知能と謙遜さを持つ聴罪司祭を必要としたのです。アビラの聖テレジアの伝記からもわかるように、そのような聴罪司祭を見つけるのは大変困難な場合があります。彼女を理解し、指導することができる人を探すのに英雄的な努力をしたにもかかわらず、彼女は度々裏切られました。ところがエスクリバー神父は、常に傍らにいて、告解の時だけでなく、必要と思われる時はいつでも常に忠告を与えるアルバロの中にそのような聴罪司祭を見出したのです。

この仕事について、ドン・アルバロはエスクリバー神父に対する大変な親愛の情と畏敬の念と、必要と思われる場合にはどんなことでも要求するという毅然とした態度で接しました。ある時、エスクリバー神父がコメントしたことがあります。「今日、アルバロは私に注意しました。私にはとても受け容れ難いものでした。あまりのことに、ちょっと聖堂に行き『主よ、アルバロが正しいのであって私が正しいのではありません』と言いましたが、即座に『いいえ、主よ、今回は私が正しいです……。アルバロは何一つ見逃すことはないのです……。そしてそれは親愛の情ではなくて残酷さなのです』。しかしその後で『主よ、私を愛するがゆえに何一つ見逃すことのない息子のアルバロを傍らにおいてくださって感謝しています』」。

聖テレジアの言葉によると、どんなに聖なる霊魂であっても、感情を発散させるはけ口を必要としているのです。エスクリバー神父はそれをアルバロに見出したのです、ある晩、他の人がベッドに入った後、彼は内線電話で「アルバロ、もうこれ以上は無理だ」「でもパドレ、同じことをもう三年間言い続けてきたのですよ」「確かにそのとおりだ。ありがとう。おやすみ」。

## 司祭職

オプス・デイの事務局長として任務を継続しながら、ドン・アルバロは叙階されるとまもなく、ほとんどの時間を説教、秘跡の授与、特にゆるしの秘跡に捧げました。後に、司祭に叙階されることになったオプス・デイのあるメンバーは、「ドン・アルバロは、注意深く耳を傾け、罪の原因を理解できるように助けてくれ、今後、それらを避けられるように具体的な方法を提案していた」と思い起こしていました。彼は「厳しさもありながら、優しい理解」を示しました。彼のアドバイスは「賢明で実際的」であり、彼の内的生活および使徒職に対する関心の深さが常に反映されていました。

新しく叙階された三人の司祭には仕事が山積みにされていました。スペイン全体を三人で分担しました。ムスキス神父は主に南部を、エルナンデス・ガルニカ神父は北部を、そしてドン・アルバロはマドリードと近辺の都市を担当しました。ほとんどの時間は、霊的指導を行い、説教し、黙想会、長期黙想会の指導に費やしました。叙階されて十ヵ月以内に、三人の司祭で長期黙想会を三十回、一日の黙想会の指導にいたっては九十日以上行ったのです。

ドン・アルバロは決して特別に雄弁な説教師ではありませんでした。彼の話し方は単純で単刀直入でしたが、彼の篤い信仰とその説得力が聴く人の心を動かしました。彼は聖書とエスクリバー神父から学んだことに重点をおき、特に説教のメモや黙想の要点は、エスクリバー神父が新しく叙階された司祭たちと分かち合った内容でした。

彼の説教をしばしば聴いていた伝記作家は、こう観察していたようです。「彼の話し言葉は聴く人の心の底にそのまま伝わりましたが、それは主に、彼の顔の表情と深い声の優しい口調で聴く人への情愛だけでなく、疑いようのない謙遜さが伝わってきました」。彼の説教は、温かく、わかりやすく親しみやすいのですが、厳しくもありました。どんな場合でも神への真の愛に内在する火急性を伝えるために、彼はしばしば「もっと」という言葉を使いました。彼は一人ひとりがそれぞれ神と他の霊魂を愛する責任と向き合うように助けました。それが常に彼の最大の関心事でした。何について語っている時であっても、彼が話すことはすべて、「キリスト者の生活の豊かさは愛徳に根ざしたものであり、愛が最大の緊急課題である」というテーマに結び付けられました。

一九四五年に彼が指導した黙想会に参加した、ある若い女性は、「神父様の説教は何か新しい、何か独特で……、私は深く心を動かされました。過去に習慣的に黙想会には出席していましたが、神の愛についていて同じような話し方をする人の話を聞いたことがありませんでした。私にとっては、父として、友としての神との出会いという偉大な発見でした。それは大きな衝撃でした」。

# 第十章　バチカンの認可を取得

一九四五年までには、エスクリバー神父は、特定の修道会メンバーによるオプス・デイへの継続的な反対運動の保護策として、バチカンによるオプス・デイの認可が急務だと感じ始めました。彼はマドリード司教による正式な認可だけで十分であることを期待していましたが、現実的にそれだけでは不十分だとわかったのです。オプス・デイをスペインだけでなく海外へ展開するためには、バチカンの認可が必要だったのです。聖座は、一九四三年にマドリード司教が司教区内に聖十字架司祭会を設立することに異議はないとはしたもののオプス・デイは法的実体として、司教区内のグループとして存在するのみだと示唆しました。第二次世界大戦という事情で、オプス・デイがスペイン国内のみでの活動に制限されている間は実際的には問題にはなりませんでしたが、終戦とともに新しい国へも進出するとなるとバチカンによる認可が必須となったのです。

ドン・アルバロは、一九四五年の夏から秋にかけて、エスクリバー神父が教皇の認可を申請するために必要な書類を作成するのを手伝いました。エスクリバー神父が草案を作成しましたが、ドン・アルバロに見直すようにと頼みました。彼はこの仕事に細心の注意を払いながら取り組みました。というのも、オプス・デイの使徒職とメンバーの霊的生活を統治する規定を定めるのは、神の恩恵を受けている創立者のみであると悟っていたからです。彼は責任を持って積極的に自分の仕事をする協働者であるが、あくまでも、創立者を助ける役割を担う単なる協働者にすぎないと理解していました。

一九四六年初め、オプス・デイの要請を支持する推薦状を司教から集めることに全力を注ぎました。ドン・アルバロは、一九三九年以降、エスクリバー神父がスペインの司教との関係を維持するのを手助けしており、また多くの司教を良く知っていました。二月の最初の二週間で、彼は十一人の司教を訪問しました。当時オプス・デイは、多くの司教区では重要な存在ではありませんでしたが、半数以上の司教は推薦状を書くことに同意しました。

## ドン・アルバロ、ローマへ戻る

エスクリバー神父は、ここ二年間、重度の糖尿病を患っていました。医師は戦後のヨーロッパの不安定な状況下で、彼がイタリアまで旅することは致命的になるかもしれないと警告しました。ドン・アルバロは、成すべきことを十分に理解しており、スペイン国内でまた一九四三年にローマを訪問した際に、教会関係者と対応する手腕を何度も実証していました。このことからエスクリバー神父は、バチカンの認可を取得する仕事を彼に託しました。ドン・アルバロは一九四六年二月二十五日にジェノバへ向けてバルセロナから出港しました。ローマで数年間の勉学を終了したばかりで、イタリア語に強く、さらにバチカン関係者を何人か知っている法律史の教授であるホセ・オルランディスが同行しました。バルセロナでドン・アルバロに会ったオプス・デイのメンバーは、次のように回想しています。「オプス・デイの未来にとって、この旅は極めて重要であったにもかかわらず、心配そうでも、緊張している様子でもなく、……いつもの落ち着き、平常心と神に信頼を置いた冷静さを保っていました。彼は、オプス・デイは神からのもので神の手中にある。主は実行すると決めておられ、それゆえにいずれかの方法で完遂されるという確信を持っていました」。

## 推薦状

教皇は三十八人の枢機卿を選出したばかりで、何人かはまだローマに滞在していました。ドン・アルバロは、ニューヨーク、ベルリン、ケルン、ウェストミンスターなど多数の枢機卿から推薦状をもらおうと決意していました。しかし皆、帰国が近づいていたので、できるだけ早急にローマに行くことが急務でした。イタリアで勉学中であったもう一人のオプス・デイのメンバーであるサルバドール・カナルスは、友人を説得して、ドン・アルバロをジェノバまで迎えに行き、一緒にローマまで車で連れてくることになりました。船が入港したのはかなり夜遅くなっていました。車は古いもので、長年の戦争後の道路はひどく荒れていました。そのうえ、郊外では盗賊が出没し、夜の運転は安全ではありませんでした。ジェノバとスペツィアの中間あたりの一区域は非常に危険で、イタリア警察が定期的に車とトラックで車両部隊を結成し、護衛していたほどです。

護衛隊に護ってもらうには時間が遅すぎましたが、ドン・アルバロは翌日まで待つ気はなく、一行は出発しました。最も危険な地域を事なく通り抜けることができました。しかしその後、何度もタイヤのパンクに悩まされました。ジャッキが壊れてしまい、彼らは車中で夜を明かさざるをえなくなりました。翌朝になって、前夜その場所から一マイルも離れていない所で盗賊が襲撃し、運転手を木にくくりつけ、トラックを盗んだということがわかりました。ローマへの到着を急いでいたにもかかわらず、ドン・アルバロはミサを挙げるためにピサに立ち寄りました。二十七日の早朝にローマに到着することを願っていましたが、到着は真夜中を少し過ぎていました。

翌日、ドン・アルバロはミサを挙げると直ちに枢機卿を訪問するために出かけました。スペインの三人の新枢機卿はスパニッシュ・カレッジに滞在していましたが、そこにいる関係者は、枢機卿たちは翌日出発の予定なので誰にも会う時間がないと言いました。ドン・アルバロは執拗に頼み続け、ついに彼らのうち二人に会うことができ、事前に準備していた推薦状に署名をもらうことができました。同日の朝、エスクリバー神父に会ったことのあるリスボンの大司教を訪問したところ、彼も喜んで推薦してくれることになり、さらに新しく選出されたばかりのポルトガル領モザンビークのロレンゾ・マルケス枢機卿に連絡するように提案されました。ロレンゾ・マルケス枢機卿は、マドリードでエスクリバー神父に会うことに合意し、やがて彼も推薦状を書いてくれました。数日後、ドン・アルバロは、ケルンの大司教であるフリングス枢機卿に会い、他に共通語がなかったためラテン語でオプス・デイについて説明しました。フリングス枢機卿はそれまでにオプス・デイなど聞いたこともなかったのですが、彼から聞いた内容と、若い神父の人間性に触れて推薦状を書くことに合意しました。

## バチカンでの最初の交渉

推薦状を片手にドン・アルバロは修道者省（現在の奉献・使徒的生活会省）の関係者に会いに行きました。この修道者省の事務局こそ、教会で公式にオプス・デイの法的地位を認める組織でした。ドン・アルバロが話をした関係者は、法的地位が得られることに合意していて、一時期は教皇の認可が即座にでも下りるように思えました。しかしながら、やがて困難が見え始めてきました。もともとの教皇認可の計画は、法的な分類において何らの変更なくオプス・デイの認可が得られるということでした。しかし、バチカン関係者がさらに詳しく調べると、オプス・デイは一九四三年に適用された共同生活会という分類にあてはまらないことに気づいたのです。このようなわけで、単に司教区の会から教皇管轄の会に変更することができなかったのです。新しい合法的な分類を必要としたのです。

十年以上にもわたり、聖座は、さまざまな使徒職の「新しい形態」が一九一七年制定の教会法の法的構造にいかにして適合するか模索していました。修道者省次官のララオナ神父CMF（無原罪の聖母マリア宣教会）は、数年間にわたり、新しい法律制定の作業に取り組んでおり、オプス・デイはより最適かつ合法的なカテゴリーを作る新しい規則の制定を待つべきだという立場に立っていました。しかしプロジェクトははかどらず、今や保留となっているように思えました。明らかに認可が下りるのはずっと先のことになりそうでした。

モンセニョール・モンティーニのおかげで、四月三日にドン・アルバロは教皇ピオ十二世との謁見が実現しました。以前に訪問した時、エンジニアの公式ユニフォームを着用していたドン・アルバロを思い出した教皇は彼を温かく迎え、オプス・デイの使徒職を何度も称賛しました。エスクリバー神父に伝えた表現を用いると、ドン・アルバロは会談の中で「あきれるほどの大胆さ」で、使徒職の新しい形態に関する教令がまだ制定されていないのは遺憾なことだと見解を述べました。数日後、教皇は修道者省に対して、新しい法律を早急に発布して欲しいと伝えました。

翌週以降、ドン・アルバロは、教令の承認を早めるためにララオナ神父に密接に協力してできるだけのことをしました。しかし、それでも事ははかどりませんでした。六月八日、修道者省の専門家たちは、オプス・デイを教皇直属の機関に変える「称賛の教令」が承認されるべきとしましたが、投票により、あくまでも使徒職の新しい形態を統治する教令が完全にできあがった後でなければならないとされました。

即刻の認可の見通しは暗くなりました。修道者省で影響力を持つ関係者は、新しい法令は一九一七年の教会法を修正しなければならず、バチカンのほとんどの人々は、このような面倒な手順を踏むのは、好意的に見ても時期尚早だと考えました。他の人たちは、何世紀にもわたって教会に仕えてきた修道会への脅威だということを根拠に新しい法令に反対しました。ララオナ神父は新しい法令に賛成でしたが、急務だとは思っていませんでした。彼には焦眉の用件があり、新しい使徒職の形態についての作業を後回しにすることに何ら良心の呵責など感じることはありませんでした。

## エスクリバー神父をローマへ招喚

六月初旬のこと、ドン・アルバロはこれ以上そのプロセスを速めることはできないという結論に達しました。彼には創立者の健康状態の深刻さがはっきりとわかっていましたが、祈りの中で熟考した後、エスクリバー神父が直ちにローマへ来ることがオプス・デイの将来のために極めて重要だという結論に達し、不本意ながらもローマへ来るように手紙を書きました。ドン・アルバロは、エスクリバー神父をジェノバの埠頭まで迎えに行きました。船は嵐に遭遇し、到着したのは六月二十二日の夜十一時でした。その時間にはすでにレストランは閉まっており、ドン・アルバロは創立者のために昼食時に残しておいた一切れのパルメザンチーズしか勧められなかったのです。彼らは質素なホテルで一夜を過ごし、車でローマへ向かいました。午後九時半頃、サンピエトロ大聖堂のクーポラが見えると、エスクリバー神父は使徒信条を大声で唱えました。

ローマに住むオプス・デイのメンバーは、バチカンの回廊から通りを横切ったピアッツァ・デラ・チッタ・レオニナにアパートを借りていました。アパートの最上階には二部屋の寝室がありましたが、一部屋は聖堂に改造していたので、五人 —— エスクリバー神父の到着で六人 —— がこの狭いところにひしめき合っていました。創立者は普通のベッド、しかし残りの四人は、毎夜、薄っぺらなマットレスを床に広げて休み、ドン・アルバロは玄関に簡易ベッドをおいて休みました。

エスクリバー神父は旅で疲れ果てていましたが、到着すると、アパートのテラスから教皇の居室の窓が何ものにも遮られることなく見えることに気づき、一晩中、そこで教皇のために祈りました。ドン・アルバロは教皇への愛の表現に心をうたれ、国務省の事務局の友人にその話をしました。三～四日後、バチカンにいる人は誰もが創立者のことをあざ笑っていることに気づきました。「あのスペイン人は狂信的だ」と言っていたのです。

ドン・アルバロは、モンセニョール・モンティーニにエスクリバー神父のためにピオ十二世の写真を手に入れてもらえないかと尋ねました。二〜三日後には「愛する息子、ホセマリア・エスクリバー・デ・バラゲル、聖十字架司祭会とオプス・デイの創立者に特別な祝福を」と書かれた教皇の署名入りの写真を入手することができました。

## さらなる交渉

その後の何週間かは、バチカン関係者を訪問したり、使徒職の新しい形態に関する法令についての作業に没頭しました。ドン・アルバロが会った人の中には、後に国務省次官を務めたドメニコ・タルディーニ枢機卿がいましたが、彼はすでにバチカンで非常に影響力を持つ人でした。タルディーニ枢機卿はドン・アルバロより二十五歳年上でしたが二人は親しくなり、タルディーニ枢機卿は、自分が創設した孤児院でミサを挙げるようにと彼をしばしば招きました。

ドン・アルバロは、教令を起草するためにララオナ神父と何時間にもわたり一緒に仕事をしました。しばしば彼を昼食に招待し、その後で、再び作業に取り組んだものです。ララオナ神父が他の用件で煩わされることなく集中できるように、エスクリバー神父とドン・アルバロは、数回にわたり、彼をローマの南東部にある小さな保養地、フュッジに伴いました。そこでは一度に三〜四日間、集中して作業を続けることができましたが、これらの努力にもかかわらず、プロジェクトはなかなかはかどりませんでした。

エスクリバー神父とドン・アルバロは、いつまでもローマに滞在している余裕はありませんでした。オプス・デイの本部はスペインにあり、仕事が山積みになっていました。一方スペインでは、オプス・

デイにずっと批判的だった人たちが、彼らが成果なしに戻ってくるのを見届けることを楽しみにしていました。おそらくこういった理由からだと思われますが、修道者省長官は、彼らがローマを去る前に聖座から二つの文書を受け取れるように配慮してくれました。まず、「クム・ソシエターティス」というタイトルの教皇小勅書でオプス・デイのメンバーに免償が与えられるという内容でした。もう一つの文書は同省発行で、オプス・デイの目的を称えた文書でした。どちらもオプス・デイの法的地位に影響を及ぼすものではありませんでしたが、攻撃から守るにはこれらのバチカン承認の意向を表明した文書は効果的でした。

バチカン関係者が夏季休暇から戻ってきた後、エスクリバー神父とドン・アルバロはローマへ戻り、再び交渉を続けました。しかし、特に創立者がローマに滞在中は、オプス・デイの事務局長がマドリードにいるということが重要であるのは明らかな事実でした。おそらくこのような理由から、エスクリバー神父は新たな事務局長を任命し、ドン・アルバロを聖座との関係を維持する役割で中央財務委員に任命しました。

再びドン・アルバロとエスクリバー神父は、関係者訪問と草案を起草する仕事に没頭する日々が続きました。彼らには経済的な余裕がなく、招待客と昼食を共にすると、他の食事をわずか、または何も食べられないという状況に陥りましたが、何度もララオナ神父や他のバチカン関係者をチッタ・レオニナのアパートへ食事のために招きました。

ドン・アルバロは、彼が望んでいることを正確に理解してもらえなかったり、認可を渋られたりすることに嫌気や落胆した様子を示すことなく、何度もバチカン関係者を訪問しました。オプス・デイは真に神の業であり、彼が頼んでいることは神のみ旨であるという信念ゆえに忍耐強く、貫き通すために粘り強さを発揮できたのです。彼の後継者、エチェバリーア司教によると、信仰に根ざしたこの堅忍こそが、自分のやり方を通そうとしているのではなく神のみ旨を実行しているのだという確信に繋がり、バチカンの多くの高位聖職者を説得する力になったのだと強調しています。

## 教皇による第一次認可

一九四七年二月二日、ついに教皇ピオ十二世は、いわゆる法的地位を制定する使徒憲章「プロヴィダ・マーテル・エクレジア」を発布しました。これによって二月二十四日に教皇の権限による在俗会としてのオプス・デイの認可への道が開かれ、重要な一時期の幕を閉じることになったのです。この許可への道が開かれるまで、ドン・アルバロは極めて重要な役割を果たしたのです。熱心な祈りと友だち作りの能力、知性と勤勉さ、エスクリバー神父の心との完璧な一致は、教皇認可を得るための容易ではないプロセスにおいて不可欠な要素でした。

在俗会という法的カテゴリーは、オプス・デイに完全には適合しませんでした。在俗会に関する法令は、オプス・デイのニーズとその他多数の組織の希望や、修道者省の人の考え方との妥協にすぎませんでした。つまり修道者省の多くの人は、在俗会とは伝統的な修道会に比べて制約は少ないが、基本的には修道会と同様な新しい形態の修道会として捉えていました。多くの意味で、法令は世間の中で使徒職を実行するために召されていると感じる人々に、伝統的な修道生活を適応させるといった試みを意味していました。それとは対照的に、オプス・デイの信者は世間における使徒職の戦術を実行するために召されているのではなく、彼らは普通の信者であり、一市民である男性、女性なのです。そういった限界はあっても、新しい法令は、普遍的な教会の中でオプス・デイに位置づけを与え、多数の国へ発展していく道が開かれたのです。

## 最終的な教皇認可

オプス・デイの在俗的な性格を強調する意味でも、ドン・アルバロはエスクリバー神父にモンセニョールという高位聖職者の称号をいただけないかとモンセニョール・モンティーニに伺いをたてました。モンセニョールという称号は、教区司祭にのみに与えられる尊称で、修道会のメンバーにつけられることはありません。この名誉が与えられると知った創立者は、断ることを希望しましたが、教区司祭のみがモンセニョールになれるという理由で、モンセニョールであることによってオプス・デイの在俗性という特徴が明らかになると反論し、ドン・アルバロはエスクリバー神父を説得することに成功しました。

エスクリバー神父とドン・アルバロは、教皇認可が教会内でのオプス・デイに対する攻撃に終止符を打つことを希望していましたが、それどころではありませんでした。批判的な人々は、バチカンはオプス・デイがいかなるものか理解していない、もっと良く知るようになれば認可は却下されるであろう[7]と示唆して、その認可が仮のものであることを強調しました。ですから、エスクリバー神父は最終認可を一日も早く取得したいと望んでいました。ドン・アルバロは、彼と一緒に必要書類作成の準備をし、第一次認可の直後に最終的認可が必要であることについて、バチカン関係者に説明しました。

必要書類の準備資料作成中、エスクリバー神父はドン・アルバロの大きな悩みの種となっていたはずの厄介な問題を解決しました。教区の司祭である創立者は、主は彼が教区の司祭の霊的生活を助けるために彼らに協力するようにと召されていると感じたのです。彼らがオプス・デイの精神を生きると有益であることは明確でした。ちょうどオプス・デイの信徒のメンバーが専門職において努力しているのと同様に、司祭としての仕事を聖化し、その仕事で自分たちを聖化するとともに、その仕事を通して他人を聖化するということです。

しかし長い間、エスクリバー神父は、どうすれば教区司祭が司教への従順という点で緊張関係を感じることなく、オプス・デイのメンバーになれるかわかりませんでした。それゆえ、彼はオプス・デイを離れて、教区司祭のために新しい機関を創設するようにと神が求めておられるという心痛む結論に達したのです。彼はこのことについて、ドン・アルバロがオプス・デイの主導権を握ることを示唆して相談しました。両手の手の平をそろえて差し出し、その上に子ロバを置こうとしている写真すら撮っていました。差し出した手はドン・アルバロの手で、その上にオプス・デイのメンバーを表す子ロバを乗せようとしているのが、エスクリバー神父の手でした。

---

7　教会が新組織を承認する場合、多くの場合、二段階で行われます。予備的認可を与え、その後、組織の実態を把握した後、最終的認可を与えます。オプス・デイは在俗会に関する新規教会法の下に認可された最初の組織であることを鑑みると、一九四七年の認可が予備的なものであったのは驚くに値しません。

ドン・アルバロは、創立者の特別な役割を非常に強く認識しており、やがて彼の代わりになるように求められるであろうなどということは、想像もつかないことだったに違いありません。幸いにもオプス・デイの最終的な認可の段階にあって、エスクリバー神父は他に問題解決の鍵を見出しました。教区司祭は聖十字架司祭会に属することができるということです。彼らはオプス・デイのディレクターに従順である必要はなく、司教に従順であれば良いのです。司教に対する義務ということで緊張感を覚える必要すらなく、彼とのつながりは、司教との一致という重要性を強調する霊性によって深まるのです。

聖座は、一九五〇年六月十六日にオプス・デイへの召命および使徒職の世俗的な性質を明確に示す「プリムム・インテル」という表題の教令によって、オプス・デイを認可しました。この教令は、教区司祭が聖十字架司祭会に加わることを可能にし、また既婚者もオプス・デイに所属できる門戸を開いたのです。オプス・デイの在俗会としての法的地位は変わらず、不完全なままでしたが、やっともう一つの重要なステップを踏み出したのです。

## 新たに深刻な脅威

一年も経過しないうちに、オプス・デイは再び攻撃の的にさらされていました。多数の若いイタリア人がオプス・デイに加わったのですが、彼らの一部がかつて所属していた青年グループの指導司祭が、彼らの将来について両親が心配していたことを理由に、オプス・デイは愛する子どもたちの生活を破壊していると苦情を述べた教皇宛の手紙に署名させました。この攻撃は当時イタリアでのオプス・デイの使徒職活動の陣頭指揮を執っていたドン・アルバロに直接の影響を及ぼしました。

それに関わっていた何人かの人々はバチカンの最高位の関係者を知っていましたので、その手紙は重大な影響を及ぼす可能性がありました。そのことを知った時、エスクリバー神父は、オプス・デイのメンバーに黙して祈る機会とし、笑顔を絶やさず、働き、勉学に励むようにと求めました。一九五一年五月十四日、ドン・アルバロとともに、彼はオプス・デイのメンバーの家族を聖家族に奉献しました。五家族のうち、一家族はすでに苦情を撤回していて、残りの家族もやがて自分たちの心配事は事実無根だと認識するようになりました。

ちょうど同じ頃、創立者は、胸さわぎを感じるようになっていました。時折、彼は教皇庁のメンバーから批判的なコメントを耳にしていました。時々、高位聖職者がよそよそしい態度を示したり、友人であったのに、今ではそうではないかのように振る舞うこともありました。

外観的な出来事だけならば彼はそれほど悩むこともなかったでしょうが、ドン・アルバロが記すところによると、「創立者は非常な不安、内的な動揺を感じました。というのも、主は、オプス・デイに対してかなりひどい陰謀が計画されていると彼に感じ取らせたからです」。ドン・アルバロは、オプス・デイへの召し出しはたくさんあり、メンバーはその精神をきちんと生きていると言って元気づけようと努力しました。しかしながら創立者は違和感を持ち続けていました。そしてドン・アルバロも彼の苦しみを密かに共有しました。再び、エスクリバー神父は聖母にお願いしました。一九五一年八月十四日、ドン・アルバロはエスクリバー神父と他の二人のメンバーと共に巡礼をしました。聖家族の家がバシリカに保存されているという言い伝えのあるロレットに行ったのです。翌日、被昇天の祝日に、ドン・アルバロがミサを挙げている間に、創立者はオプス・デイを「マリアの甘美なるみ心」に奉献しました。

その翌月、ドン・アルバロは、エスクリバー神父に同伴して、イタリアだけでなくルルド、ファティマ、サラゴサの聖母が祭られている聖地に巡礼の旅に出かけました。

一九五二年一月初め、オプス・デイの中央財務委員として、ドン・アルバロは、修道者省から公式にオプス・デイの規約のコピーと他の文書を要求されました。聖座はこれらの文書をすでに所有していたので、コピーの要請は何らかの公式な調査だということを示唆していました。しかし当時バチカンではこれを秘密としていたため、つまり何が起きているのか知らされず、あるいは弁解の機会さえ与えられなかったのです。

二月半ば、ミラノのシュスター枢機卿は、同郷だったカラサンスの聖ヨセフ[8]を思い出して真相を踏まえて行動するようにと創立者に助言を与えました。文書の要請ということを踏まえてこの警告を考慮すると、オプス・デイに対する陰謀は創立者を総長の座からはずし、男子部と女子部を切り離すということと関連があることが明らかになりました。

ドン・アルバロは、最近枢機卿に任命されたばかりでオプス・デイの保護者である個人的な友人、テデスキーニ枢機卿に抗議の手紙に共に署名をするように強く要求しました。エスクリバー神父は、自分が除名された場合、ドン・アルバロが彼を継がなければならないという理由から、ドン・アルバロが署名するのを思い留まらせようと試みましたが、ドン・アルバロは譲歩しませんでした。「いいえ、パドレ。何が起ころうとも、パドレと運命を共にします」。彼はエスクリバー神父がテデスキーニ枢機卿に直接手紙を渡すのに同行しました。二～三日後、テデスキーニ枢機卿の尽力で、陰謀のあることが教皇の耳に入り、事実を知った教皇は即座にそれを停止させました。

ドン・アルバロの忠誠心と熱心な祈りのおかげで、最悪の事態は避けることができましたが、オプス・デイが使徒職活動を続けるためには、聖座との良好な関係がどうしても必要でした。再び、エスクリバー神父は祈りました。一九五二年十月二十六日、彼はオプス・デイをイエスの聖心に奉献しました。「イエスの聖心、平安を与えたまえ！」。彼は絶え間なく祈り続けました。それ以前のことですが、彼らは一緒に念祷をした後、エスクリバー神父はドン・アルバロにその日何について祈ったかと尋ねました。彼は「私は、いつもどおりに繰り返しました。でもまるで初めてのように……。私は『パドレがお願いしていることをかなえてください』と言いました」。聖心への奉献の間、そして困難な時期全体をとおして、ドン・アルバロが何度も同じ祈りを唱えていたことは想像に難くありません。

8　カラサンスの聖ヨセフ（一五五六〜一六四八）は、Clerks Regular of the Religious School と呼ばれる修道会を設立しましたが、会員の策略により、総長の座から退陣させられ、やがては修道会が弾圧され、彼の死後、復興しました。聖ヨセフは一七六七年に列聖されました。

# 第十一章　ローマで、そしてローマからオプス・デイを築く

エスクリバー神父は、著書『道』に「カトリック的、使徒的、ローマ的。あなたがローマ的であってくれれば嬉しい」（『道』520）と記しています。この望みは、単に個人のみならず、オプス・デイ全体を「ローマ化」させたいという願いでした。つまり、特に本部をマドリードからローマに移転すること、教皇と普遍教会への愛を深められるように、メンバーをローマで勉強させることなどと関わっていました。しかしながら、オプス・デイのローマでの所在がアパートの一室である間は、どちらの計画も進めることは不可能でした。エスクリバー神父がローマに到着した瞬間から、モンセニョール・モンティーニもモンセニョール・タルディーニも活動の中心になる建物を手に入れるようにと奨励しました。「ローマ以外の場所で奇跡を行ったとしても」、モンティーニは続けて、「ここでその奇跡が見られなければ、それは奇跡と見做されない」と述べました。

当時、ローマの不動産は買い手市場でした。イタリアは第二次世界大戦の惨状が尾を引いており、数年後の費用を思えばほんのわずかの費用で大きな家を入手することができました。ところが問題は、オ

プス・デイには資金がほとんどないということでした。三百人いるほとんどすべてのメンバーは若くてまだ大学在学中でした。しかも大半はスペインにいました。スペインは第二次世界大戦への参戦を避け得たものの、どちらかと言えばまだ発展が遅れており、スペイン内乱後の復興が進んでいませんでした。つまりオプス・デイは資金がないに等しく、近々入ってくる目途もなかったのです。

そのような場合、多くの人は、いずれ大きな家を買うことができるという希望を持ってまず小さい家を購入するでしょう。ところがエスクリバー神父とドン・アルバロは大きなビジョンと、神が準備してくださるという不動の信仰を持っていましたので、将来増築できるように、土地付きの大きな住宅にのみ目を向けていました。

## ヴィラ・テベレ

一九四七年初め、ドン・アルバロは、パリオリ付近にある不定形なブロック一体を占める一エーカーの庭園付きのフィレンツェ風の大邸宅のオーナーと会いました。パリオリには、広い庭園付きの大邸宅が多数あり、豪華なアパートの開発が始まろうとしていました。一九四七年二月初旬に初めて訪れた時、エスクリバー神父とドン・アルバロは自分たちが求めていた物件を見つけたという確信を持ちました。翌月、ドン・アルバロはオーナーと集中的に交渉を開始し、後になって「それは贈り物みたい」と語ることになるほどの価格まで値引き交渉に成功しました。

しかし、いかに良い買い物であったとしても、彼らは小さなアパートにひしめき合って住み、来客にある程度のご馳走をするとなると、他の食事時は空腹を我慢しなければならないのが現実でした。しかも彼らは購入価格の何分の一といったわずかなお金すら持っていないという状況でした。さらに当時イタリアでは信用取引についても初歩的な体制であったのが問題を複雑にしました。住宅ローンは不動産の権利証書を持っている人のみ利用できるのですが、売主は当然お金を持っているか、あるいは入手できるという決定的な保証があるまでは、不動産権利証書を譲渡するのを嫌がりました。

しかしながら、一ヵ月にわたる交渉の末、オーナーはドン・アルバロに信頼感を持つようになり、二つの聖杯を作るために貯蓄してエスクリバー神父に渡していたアメリカの五ドル金貨と十ドル金貨から成る象徴的な頭金で不動産権利証書を譲渡することに合意しました。コインは聖杯を作るために溶かされることになっていたので、売買契約書には支払いが完了したら、それらは返却されると明記されていました。購入価格全額の支払期限は二ヵ月以内で、イタリアの他のどの地域にも不動産を所有せず、信頼できる収入源もないにもかかわらず、契約額と同額のローンを組んでくれるように銀行を説得できるかどうかにかかっていました。

交渉中、もう一つの障害が現れました。オーナーはスイスフランでの支払いを強く要求してきました。ドン・アルバロが創立者に話すと、彼は全く困った様子もなく答えました。「それは問題ない。我々はどちらにしてもリラもフランも持っていないし、主にとってはどの通貨も他の通貨と同じだから」。たくさんの祈りと大変な作業の末、ドン・アルバロはこの取引に終止符を打つことができたのです。

## ヴィラ占有

一九四七年七月、ヴィラ・テベレと呼ばれることになった不動産を所有しましたが、この邸宅から賃借人を追い出すことができませんでした。彼らは二つのレジデンスに分けられた小さな建物のみしか占有できませんでした。そのうちの一つは門番の家として使われていました。その不動産は、ハンガリー政府に賃貸されており、在バチカン・ハンガリー大使館として使用されていたため、ハンガリーとバチカンの外交関係は断たれたままでしたが、元の大使館職員はヴィラに住み続け、引っ越すことを拒否しました。その大きな理由は他に行く所がどこにもなかったからです。

聖座は公式にはカトリック信者の多い国家と外交関係がないと認めるのを躊躇していましたが、ドン・アルバロは、バチカン国務次官のモンセニョール・タルディーニとの友情のおかげで、すぐにそのような布告書を入手しました。これによって悪用していた賃借人に対して法的手段をとる道が開かれました。

八月にその布告書を入手直後、ドン・アルバロはヴィラのドアの鍵を変えました。すると賃借人はこれ以上彼を追い出そうとする人は誰でも射撃するという脅迫状を送ってきました。ドン・アルバロは、毎晩十一時に地所への門はすべて鍵をかけ、それ以上のメッセージは受け付けないと応えました。元の従業員が何か言いたいことがあれば個人的に連絡をすることができるが、話に応じるかどうかはドン・アルバロに一任すると決めました。その時点で、賃借人は少し引き下がり、交渉はより常識的になりました。

一九四八年一月、ハンガリー人は退去することに合意し、ドン・アルバロは新しい住居が決まるまで住むことを許可したため、一年後の一九四九年二月五日、彼はようやくヴィラを明け渡しました。その翌日、創立者とドン・アルバロ、他のオプス・デイのメンバーは、入居することができました。

## ペンシオナートでの生活

彼らがヴィラに引っ越すまでの一年半は、ペンシオナート（ホステル）と呼ばれるビルでの極めて狭苦しい生活でした。生活空間は、小さな居間、聖堂、食堂、そして二つの寝室だけでした。エスクリバー神父は、換気が悪く、その家唯一のベッドつきの湿度の高い部屋に住んでいましたが、誰かが病気になると、その部屋を明け渡し、床や食卓の下に寝たりしました。もう一つの寝室に折りたたみのベッドを使って五人が休み、残りの人は玄関の廊下で寝ました。ドン・アルバロは毎晩、折りたたみのベッドを入口の隣の小さな受付の部屋に広げて置きましたが、毎朝パン、その他の食糧の配達があるので、朝早くに起きなければなりませんでした。

ペンシオナートは、ローマにいるオプス・デイのメンバーの住居としてだけでなく、使徒職活動の拠点としても利用されました。多くの若い男性が黙想会、キリスト教的形成のクラス、そこに住む友人と会うためにやって来ました。一九四八年の秋には、すでに大混雑していたこの家に本格的な国際スタディーセンター、聖十字架ローマン・カレッジで勉強するために七人の学生が到着しました。図書室用の空間がないため、学生たちは階段に座って勉強しました。

生活は窮乏を極め、二〜三年間は暖房を入れることすらできませんでした。ローマでは一月の平均気温は、セ氏十三度、夜はセ氏四度まで下がり、暖房のない家では、骨まで凍りつくようでした。エスクリバー神父は寒さのために顔面麻痺を起こし、ドン・アルバロは扁桃腺炎に悩まされました。

## 改築と新築

資金がないにもかかわらず、オプス・デイのメンバー、中でも建築家は、ヴィラを所有するまでの一年半かけて、上階に増築、地下にも増築するというヴィラの大々的な増築計画の設計図を作成しました。さらに六棟の新しい建物、二つの広い中庭と庭全体、ヴィラの周りを囲む多数の小さな中庭の最初の図面も描きました。

建築は一九四九年七月に開始され、一九六〇年一月まで続きました。ドン・アルバロは十年間にわたり、建築費用と生活費、運営費を賄うための資金繰りをするという過重な負担を負い続けました。最初は、節約するために小さな請負業者を雇いましたが、それは毎週、労働者に直接、賃金を支払う責任を伴いました。大規模なゼネコンと比較すると、この方法は節約できましたが、大手のゼネコンならば多少きく財務的な融通性に欠けました。作業が終わると、あるいは資材が搬入されると即座に支払いをしなければなりませんでした。一週間に三百万リラ（二〇一三年の価値で言えば五万米ドルに相当する）という費用がかかっていました。

「一週間、彼らに払えないということは、彼らの家族が食べ物なしで過ごさなければならない」とわかっていたので、毎週、労働者への支払い責任はドン・アルバロに重くのしかかっていました。このように絶望的な状況でさえも、彼は特に良く頑張った、あるいは自己の任務以上の仕事をした労働者には寛大なチップを払い、また、緊急事態に陥っていると思われる労働者には特別な支払いをしました。また労働者に対しても資材納入業者に対しても、自分たちの要求を無礼な態度で押し付けてきた時でさえも、気配りと愛徳を持って扱うよう格別な努力を惜しみませんでした。ある時、家具製造業者が間違えて、跪き台を多く作りすぎた時、会計担当者は作りすぎた跪き台の支払いを断りましたが、ドン・アルバロは全部払うようにと主張し、「けちけちしないように」と付け加えました。

建設費の請求書とともに、食費、光熱費、その他の生活費の請求書が次々と来ました。一九五四年四月、ついにガス代の支払いが滞り、滞納金を納入するか、ガスの供給を停止されるかという事態に追い込まれました。午前十一時に集金人が家に来た時、お金はありませんでした。午後一時に再度来ることに合意しましたが、それ以上、延期はできないとはっきりと言われました。午後一時少し前にドン・アルバロはお金を持って家に帰ってきました。

彼は何年か後に「どのようにして支払ったのだろう?」という思いに耽《ふけ》りました。「主が借金でこの綱渡りを可能にしてくださった。パウロに払うためにペトロから略奪した。本当に馬鹿げていて悩みの種だった。それは奇跡だった。どうやってできたかわからないけれど、何とかいつも支払っていた」。

疑いもなく神に助けられたのですが、かなりドン・アルバロの努力のおかげでもあったのです。一九四九年、彼はお金を求めてスペインに三回旅立ちました。スペインでもローマでも、彼は友人に寄付や借金を頼んだり、住宅ローン、商業ローンや手形の保証人になってもらったりしたのです。銀行や他の金融機関は彼に信頼感を持ち、プロジェクトの危険性があるにもかかわらず、ローンを延長してくれました。一度、多額の負債の支払期日が迫り、ドン・アルバロは、何度か金融機関に期日の延期を要望しましたが、失敗に終わりました。エスクリバー神父はもう一度試すようにと頼みました。創立者とオプス・デイの他のメンバーは聖堂に集まり、良い結果が得られるように祈りました。ドン・アルバロは満面の笑みをたたえて帰宅しました。「どうやってできた?」という問いに対して、一言「従っただけです」と応えました。

週末に労働者に支払うお金がないため、ドン・アルバロは熱を出し床に伏しているべき時でさえ、現金を求めて町を歩き回ることも度々でした。同行したオプス・デイのメンバーの一人は「その苦労について一言も述べず、代わりに、まるでこの世でごく当たり前のことであるかのように、いつもの笑顔と単純さに満ちた心の平和を維持していました。創立者が度々繰り返されていた――『私たちにとって微笑みは良い犠牲』という言葉を思い出しました」と感嘆していました。ある時、エスクリバー神父は二人のメンバーにコメントしました。「オプス・デイの私の子どもたちは皆、聖人のようだけれど、彼らの中で最も聖人のような人でもドン・アルバロとの間には大きな差がある」。

このようにすべてを通して、ドン・アルバロはユーモアを保っていました。建設資金を調達するために親身になって協力していた人が、彼らは刑務所に入ることになるかもしれないと心配して言った時、彼は、「もしもそうなったら、必ずタイプライターと紙をたくさん差し入れしてくれなくては」と答えただけでした。エスクリバー神父が似たようなコメントをした時、ドン・アルバロは「パドレ、ご心配なく。これだけの量になると、借金が多ければ多いほど、支払期限を延ばしてくれることでしょう」。このように困難に遭ってもユーモアを絶やさなかったにもかかわらず、度々ストレスで高熱や痙攣《けいれん》、嘔吐を繰り返しました。

プロジェクト開始後、約六年経った一九五五年までは、大手のゼネコンを使うことはできませんでした。ゼネコンを使うことで支払金額は減少しませんが、少しだけ息をつく余裕ができました。

今日、ヴィラ・テベレの建物にもドン・アルバロの寛大さの結果がうかがえるのです。一九六〇年に完成し、十五万平方フィート（約一万三九三五平方メートル）から成りますが、建物は、出し惜しみすることなく、何世紀も使えるように建てられました。特に、十分な広さをとり、すばらしい装飾を施した二十二の聖堂は、どんなに犠牲が伴おうとも縮小はしないという神への愛が反映されています。不可能に近い挑戦だとこのプロジェクトに反対していた多くの人も納得せざるを得ませんでした。ドン・アルバロは、どのような犠牲を払おうとも、オプス・デイの本部を設置するという責務を感じていました。

## 聖十字架ローマン・カレッジ校長

バチカンの認可、世界平和、そして召し出しを受ける人数の増加で、オプス・デイは新しい国、新しい大陸へそのメッセージを広める構えができてきました。それは徹底した形成、つまり完璧にオプス・デイの精神に根ざして、その精神を生きていくとともに、哲学、神学についての深い形成が要求されました。そのためには創立者に毎日、直接触れることが最善の教育形態でした。そして、もしも彼がローマに住むことになるとすれば、そこに形成のために国際的なセンターを設立することを意味したのです。

一九四八年六月二十九日、エスクリバー神父は聖十字架ローマン・カレッジを設立しました。彼はドン・アルバロに校長になるようにと頼みました。最初の年は、学生は七人しかいませんでした。人数は少なかったのですが、この新しい仕事は、ドン・アルバロにとって大変な仕事量となりました。カリキュラムの立案、スタッフの研修、特に学生の個人的な形成の責任を持たなければなりません。いずれ彼らの多くが司祭としてあるいはディレクターとしてオプス・デイの発展に重要な役割を果たすことになるからです。

ローマン・カレッジの初期の頃に学生だった人は、ドン・アルバロとローマで過ごした日々をはっきりと覚えています。「私たちの仲間の誰かと顔を合わすと、彼はいつでも兄弟的な真の優しさを表す笑顔を浮かべていました。一緒に過ごした年月の中で、召し出しのゆえに必要とされることについて、彼は何度か私に注意しました。彼は必要な時にはいつでも欠点を見逃すことなく正しましたが、超自然的な見方や親密さを失うことはありませんでした。正された時、何を変えなければならないか、はっきりとわかり、また同時に満足感と感謝の気持ちを持つことができたのです」。

ドン・アルバロの統率力の下に、ローマン・カレッジの学生数は初年度の七人から、翌年は十四人に、その翌年は二十人と急速に増加し、彼が校長の座から退いた一九五四年には百二十三人と、創立者が設定していた百二十人という目標に達しました。窮屈な状態は相変わらずで、経済的に逼迫《ひっぱく》しており、ローマの大学で受講していた学生たちは、わずかなバス代でも節約するために、かなりの距離を徒歩で往復していました。また、喫煙者は一箱のタバコが買えず、数本ずつ買っていました。何度かにわたって、篤志家からピアノを買うお金を寄付してもらいましたが、そのお金は食費に変わってしまいました。「私たちはピアノを数台食べてしまった」とエスクリバー神父が笑いながら語っていました。

学生は真夏の間、ローマの酷暑から逃げ出す場所が是が非でも必要でしたが、それは問題外のように思えました。ドン・アルバロが友人から買うことができそうな広大な農場――テラチナの町に近くで、ローマとナポリの中間あたりにあり、自然の趣きが残る海辺へも容易に行き来できる――について創立者に話すと、創立者は、「しかし、息子よ、私たちは食べることさえできないんだよ！」と答えました。ドン・アルバロは、「パドレ、せめて試してみることはできるでしょう。夏の間、学生たちはくつろぐ所が必要です。そうでなければ彼らは病気になってしまいます」と主張しました。

ドン・アルバロの地主との友情と想像力豊かな計画のおかげで、彼らは千二百ヘクタール余りの農場を一九五一年後半に取得することができました。ドン・アルバロは、農場労働者として雇われていた約三百人の小作人が、自分の土地を所有することができるという資金計画を立案しました。さらに、彼らが信仰について学び、形成面で向上できるように計画しました。バチカンの新聞は、それを「社会的かつ使徒職的大構想――カトリック精神で実行された土地分配改革」と記述しました。

オプス・デイは土地のわずかな部分を留保しました。何年にもわたり農場として利用され、増え続けていたヴィラ・テベレに住む人々に野菜、牛乳、肉、他の産物を供給しました。一方、ローマン・カレッジの学生が夏季に行く場所として十五年以上にわたって利用されました。生活条件は、最初は非常に原始的で、授業は戸外で行われました。机や椅子を買うお金がないので、頭の良い学生が深さ約六十センチ、直径約七メートル余りの浅い円形の穴を掘ることを提案し、学生は授業中そこで地面に座り、背中は土の壁にもたれて座ることができました。

原始的な状態とはいえ、夏にローマから脱出して、地中海へ容易に行けるというのはローマの夏を思うと大変な進歩でしたが、一九五七年まで、ドン・アルバロとエスクリバー神父は夏の間も、ずっとローマ市内に留まりました。時折テラチナにいる学生を訪問していましたが、夜にはローマに戻っていました。夏の一時期、ようやくローマから脱出できるようになっても、ドン・アルバロは個人的に楽しむことよりも、創立者を休ませることに心をくだいていました。

## イタリアにオプス・デイの基盤を置く

オプス・デイが教皇の認可を得ることが焦眉の急であり、一九四六年にローマに戻って来ると仕事は山積みになっていましたが、ドン・アルバロは、数年間イタリアで使徒職を続けていた二人のオプス・デイのメンバーの霊的な指導のために時間を捻出しました。

イタリアで最初にオプス・デイに加わった人はクロアチア人の難民、ウラディミル・ヴィンスで、彼は、一九四一年にドイツによるユーゴスラビア分割によって築かれた独立国クロアチアの聖座への代表者であるアントン・ブルスターの補佐を務めていました。一九四三年のチトーによるユーゴスラビア再統一の後、もはや二人とも外交特権などを失っており、当時ローマを統制していたナチスによる逮捕を恐れていました。隠れ家から抜け出した後、彼らはまず女子修道院そして続いて男子修道院に隠れ家を求めざるを得ない状況でした。隠れ家から抜け出した後、彼らはローマで勉強していたオプス・デイのメンバー、ホセ・オルランディスとサルバドール・カナールに出会ったのです。アルバロに会って間もない一九四六年四月に、ウラディミルはオプス・デイのメンバーになりました[9]。

エスクリバー神父に宛てた手紙の中で、ウラディミルは、彼の召命に当たってドン・アルバロが大きな役割を果たしたことについて述べています。「ドン・アルバロは私にとって大変な助け手でした。問題のすべてを解決してくれました。自分に起こっていることを明確に説明できない時があっても、私の心の中を読み取り理解してくれました」。

9　アントン・ブルスターは数年後、スペインでオプス・デイに加わりました。

チッタ・レオニナからペンシオナートに引っ越すことによって、若いイタリア人への使徒職の門戸が広く開かれました。ドン・アルバロはこの仕事に専念し、黙想会で説教したり、告解を聴いたり、霊的指導を行いました。病気だからといって決してペースを落としませんでした。ある日、数人の若者がペンシオナートを訪ねてきました。彼は、めまいに悩まされていたにもかかわらず、彼らのために六時に起きてミサを挙げました。

一九四七年十一月、フランチェスコ・アンジェリキオがイタリア人で最初のオプス・デイのメンバーになりました。その後の三ヵ月間に他の三人の若いイタリア人がオプス・デイに加わりました。一九四八年には、ドン・アルバロは創立者と共に将来の使徒職の準備のために何度かイタリアの北部と南部の都市を訪問しました。一九四八年十月、エスクリバー神父は、オプス・デイ内でイタリア地域を作り、ドン・アルバロをその「顧問」もしくは「長」と名づけました。彼は一九五一年までイタリアでのオプス・デイの活動の長として仕え続けました。

ローマでのオプス・デイの使徒職活動の展開に満足することなく、ドン・アルバロは、最近オプス・デイに加わった青年たちに週末は他の都市に出向くことを奨励し、彼らと一緒に出かけて行きました。最初の一年間で少なくとも九都市を訪れ、友人や知人と会い、キリスト教の形成のクラスを開き、オプス・デイの精神について説明し、クラスに出席した人たちに他の人も誘うようにと励ましました。一九四九年後半までにはミラノやパレルモに小さなセンターを開設することができました。何年か後に、誰かがドン・アルバロに、資金もなく人も少ないのに、どのようにしてそれだけのことができたかと質問しました。質問に対して少し当惑したような顔つきで、「主のために働いていれば、主が必要なものを与えてくださるのです」と答えました。

イタリアにおけるオプス・デイの使徒職の発展により、黙想会や研修会、他の形成のための活動ができるように研修センターの必要性が生じてきました。ドン・アルバロは一九四八年五月に、教皇が夏の期間にお住まいになるアルバノ湖岸にあるローマの南部にある丘の町、カステルガンドルフォにある広大で荒れ果てた家で黙想会の説教をしていました。少し前に会った年配の伯爵夫人が、聖座の所有物件であるこの家の賃借権を持っていました。その後何ヵ月か、ドン・アルバロは、医師の指示に従って創立者が運動をするようにと、時々、アルバノ湖畔を散歩するためにエスクリバー神父を連れ出していたのですが、散歩しながら、研修センターとしてこの家を入手できるように祈っていました。その家が建っている土地は聖座が所有していたので、事は思ったよりも複雑でした。

翌年、その伯爵夫人はその建物の権利を放棄し、ピオ十二世はオプス・デイに使用する権利を与えました。オプス・デイの不安定な財政状態を考えると、改築と維持だけでドン・アルバロにとってさらにかなりの重荷となったのです。ヴィラ・デレ・ローゼと呼ばれる家の所有権を入手後、直ちに翌月にはオプス・デイのメンバーのために神学講座を開始しました。一ヵ月以上もの間、ドン・アルバロと創立者は、ローマとの間を毎日車で往復し、講話やオプス・デイの精神についてのクラスを開き、研修コースを受講している参加者と個人的に話しました。

一九五〇年の夏までにローマでの使徒職活動は拡大し、別に家が必要になってきました。イタリア人の青年がヴィラ・テベレとバチカンの中間のあたりに目的に適いそうな一戸建ての家を見つけました。オーナーと会う予定の前日になっても、その不動産を購入するために必要な金額のうちのわずかだけしか工面できませんでした。そしてドン・アルバロの所に行きました。ドン・アルバロは「君たちは、できるだけのことはすべてしました。残りは主が与えてくださるでしょう。行って祈りなさい」と言ったのです。翌日、匿名の篤志家が必要な資金をエスクリバー神父に送ってきました。今日もなお、その家はオプス・デイのセンターです。

## 勉学とバチカンでの仕事

エスクリバー神父の第一の補佐でありオプス・デイの中央財務委員、聖十字架ローマン・カレッジ学長、さらにイタリアのオプス・デイの長として、ドン・アルバロは仕事に押しつぶされそうでした。そのような状況の中でさえ彼は教会法の博士号を取得するための時間と、さらにバチカンでの仕事をする時間を生み出していました。

一九四六～四七年度の学期中、彼はラテラン教皇庁立大学で教会法を学んでいましたが、翌年アンジェリクム教皇庁立大学に移籍しました。一九四九年六月には、彼は在俗会に関する学位論文で最優秀の博士号を取得しました。教授陣の一人は公に、彼は歴代で最も優れた学生だと評したほどです。学位を取得するだけで満足することなくドン・アルバロは勉学と著作を続け、一九五五年から一九五九年にかけて三つの学術論文を発表しました。

在俗会に関する教令公布後二年半にわたり、ドン・アルバロは教令施行の責任者として修道者省の委員会の秘書を務めました。ほとんど毎日、午前中はこの任務を果たすために時間を費やしました。その役職を辞めた後でさえも、聖座のプロジェクトの仕事のためにほとんど毎日、午前中はバチカンで過ごしました。自分の四十歳の誕生日に母親に宛てた手紙の中で書いているように、彼にとってそれは「普遍教会に影響を及ぼすその中心、つまり聖座で自分のできることをする喜び」でした。

時折、エスクリバー神父は、ドン・アルバロが事務所を出て帰宅する時、家まで一緒に歩けるようにバチカンまで出かけました。三マイル歩く間に、ロザリオを唱えたり、その日の朝、エスクリバー神父が行った仕事について、あるいは午後に待ち構えている予定やオプス・デイの使徒職発展の計画などについて話し合ったりしました（ドン・アルバロのバチカンでの仕事は、守秘義務があり、それについては話すことはありませんでした）。

## 再び事務局長に

一九五六年八月、オプス・デイは第二回総会を聖母マリアの重要な聖地であるスイスの小さな町アインジーデルンで開催しました。総会で、オプス・デイの男子部本部をローマに移転することが決定されました。なお女子部本部は一九五三年からローマに設置されていました。そして再びドン・アルバロが事務局長に任命され、一九七五年にエスクリバー神父の第一代後継者となるまで、彼はその役職を果たすことになりました。

一九五六年の総会では、ドン・アルバロはオプス・デイの総長のクストス、つまり補佐——創立者に付き添い、霊的、実務的両面で創立者を補佐する二人のうちの一人に任命されました。霊的な面では、聴罪司祭になって以来、何年にもわたりすでに実行していたことですが、エスクリバー神父に助けを差し伸べる責任が正式に与えられました。

総会で、ドン・アルバロが不在の時、エスクリバー神父が述べたことですが、オプス・デイの協働者がいるとすれば、それはドン・アルバロだと述べました。彼はあらゆる面でドン・アルバロの忠告に信頼しきっており、いかなる重要な事案も彼に相談しないで決めるということは滅多にありませんでした。彼らは考え方は非常に似ていて、わずかな言葉だけでお互いに理解し合うことがしばしばありました。

一九五六年以降、度々オプス・デイの地域代表者会議がローマで開催されました。ドン・アルバロは特に創立者との一致を強調することで、重要な役割を果たしました。ある参加者は、ドン・アルバロの態度は子としての従順、頼まれたことへの対応の確実さ、創立者に対する注意深い配慮などは「世界中で実りのある使徒職を果たすために必要な『一致』の生きた教訓」だと感じました。

一九五〇年代および一九六〇年代には、オプス・デイの男子部も女子部も両方とも国際的な統治機関は大半が青年で構成され、メンバーも入れ替わっていました。それは世界中でオプス・デイの責任ある立場に立つ多くの人にとって良い経験となりましたが、彼らの研修を助けるドン・アルバロにとっては大変な作業となりました。エスクリバー神父はそのことに十分気づいていました。特に女子部の中央財務委員に任命されたばかりの若い女性に話した時、エスクリバー神父は「娘よ、心配する必要はないよ。ドン・アルバロが何もかも教えてくれるから」と付け加えました。ドン・アルバロは「創立者を効果的に支えるためには、一つだけ条件があって、それは、謙遜であることです」と言いました。

事務局長として国際的な統治機関のメンバーとやり取りする際には、ドン・アルバロは、彼自身の意見を述べることを避け、創立者の心を伝えることにのみ重点を置きました。ローマでのオプス・デイのメンバーのための黙想会でも同様に、エスクリバー神父から直接オプス・デイの精神を学べたという特権を強調し、それに伴う責任を指摘して、創立者に忠実であるようにと強調しました。

通常の仕事の他、ドン・アルバロは、エスクリバー神父が特に困難な問題の解決を求める相手であり続けました。例えばまさにアイルランドで活動を始めようとした時、オプス・デイがアイルランドで活動を開始することは、アイルランドの教皇大使の要請であったにもかかわらず、ダブリン司教はセンターを開設する許可を出すことを断りました。三回にわたり、三人のオプス・デイの司祭が司教を訪問しても、無駄に終わりました。ついにエスクリバー神父は、ドン・アルバロにアイルランドに行って問題を解決するように頼みました。ドン・アルバロは特に改めて議論することもなく、彼の温かさと率直さが司教の心を動かし、司教は必要な許可を与えただけでなく、司教が滅多にしなかったことですが、ドン・アルバロを夕食に招待しました。

## 健康を害する

一九四六年にローマへ移ってから第二バチカン公会議開始までの十六年間、ドン・アルバロは、健康な人でさえ驚くほどの仕事量をこなしました。実は、彼の健康状態は以前から優れていなかったのです。彼はおそらくスペイン内乱中の栄養不足、特に収容所で受けたひどい扱いで、慢性の肝疾患を患っていました。度重なる痙攣《けいれん》、高熱、吐気、嘔吐、重度の頭痛や歯痛などの症状で苦しみました。過労、睡眠不足、ストレスは疑いもなく体調を悪化させる要因でした。ヴィラ・テベレで公式の日記を書く担当だった人の観察によると、彼の健康問題は「過労と、すべての人、すべての事柄への心遣い」が原因だと述べています。

慢性の病気のほかに、ドン・アルバロは何度か重大な健康上の危機を経験しました。一九五〇年二月、腸に激痛を感じましたが、いつものように気にも留めず働き続けました。数日後、創立者が医者にいくように強く勧め、その結果、盲腸と診断され手術となったのです。彼が痛みを感じているのがわかると、エスクリバー神父は彼を笑わせて、痛さを紛らわせるために即興で踊ってみせたりしました。

その手術は、癒着と壊死がひどく手の施しようがないと開腹部を閉じようとしましたが、手術室にいたドン・アルバロのかかりつけのフェリイ医師は「この人は自分の兄弟だから、彼を救うために必要なことは何でもしなければならない」と言いました。手術は成功しましたが予想されたよりも長引き、意識が戻るまで時間がかかりました。大声で呼ばれても返事をしなかったのですが、エスクリバー神父がいつもの口調で「アルバロ、息子よ！」と声をかけると直ちに目を開けました。創立者は後になって「アルバロは、麻酔がかかっていてさえも従う」と言いました。回復は難しく、時にはドン・アルバロはうわごとを言いました。「自分の命が果てるまで、全力を尽くしてパドレの傍らで働きたい」とうわごとを繰り返していました。一九五九年、ドン・アルバロはまたもや危機に瀕しました。前立腺膿瘍で手術が必要となりました。再びドン・アルバロは回復が遅く、一ヵ月以上入院が必要でした。

ドン・アルバロは、病気は神に近づくための良い機会として捉えました。「神は私たちがどんな人間かご存じです」。さらに「だから、私たちを神に近づけようと、時折、病気を送ってくださる。病気をよく耐え忍べば、私たちは神に結び付けられ、それは宝だ」。彼は明るく、ユーモアを持って笑顔で、よほどのことがない限り仕事を中断することなく、病気に耐えました。床に伏しているからといって非難されるはずなどないような病状の時でさえ、彼はまるで何事もなかったかのように、笑顔で他の人に関心を示しながら働き続けました。

## 家族の死

一九五〇年代は、ドン・アルバロにとって特に悲痛な二人の死に接しました。それは彼の母とエスクリバー神父の姉、カルメンの死でした。クレメンティーナ・デル・ポルティーリョは一九五五年三月十日にマドリードで急死しました。自宅の近くの教会での黙想会に出席し、ミサ後、自宅に戻るや否や重度の脳溢血を起こし、その夜帰天しました。死後、すぐに埋葬するのがスペインの習慣で、一九五五年にローマからマドリードまでの所要時間を考えるとドン・アルバロが葬儀に参列するのは不可能でした。彼女の帰天を知ってすぐ母親のために挙げたミサについて、兄弟姉妹に次のように書き送りました。「今までこれほど深い信心で祈ったことはなく、典礼の『命は取り去られたのではなく、変わった』という言葉が自分にこれほど平安を与えたこともありません」。「主は、精神的なもの以上に実際に、母は天国にいるという安心感を与えてくださいました。この安心感は、辛い中で深い平安をもたらしてくれました。悲しみは大きい。それは母のためではなく、しそびれた善行と自分が犯してしまったかもしれない悪のゆえに。これらすべてに対し、神、母、そしてあなたたちのゆるしを願います」。

ドン・アルバロは、一九三五年に彼がオプス・デイに加わった時からエスクリバー神父の姉、カルメンを知っていました。彼女自身はメンバーではありませんでしたが、彼女はオプス・デイ初期の発展に重要な役割を果たしました。一九五七年に末期がんと診断された時、ローマに住んでいました。エスクリバー神父は、おそらく感情的になるのを恐れてでしょう、ドン・アルバロにその旨をカルメンに告げることを頼みました。三～四ヵ月後、カルメンは病者の塗油を受けました。エスクリバー神父がその秘跡を授けたかったのですが、始めた途端、感情を抑えきれず、ドン・アルバロに続けるよう頼まなければなりませんでした。式が終わると、創立者はそこに臨席していたオプス・デイの女性のメンバーに向かって、悪い例を見せてしまったとゆるしを願いました。ドン・アルバロは、間髪入れずに「パドレ、あなたはいつも私たちに心を持たなければならないと教えられましたが、今、あなたには心があることを実証されただけです」と執り成しました。

## エスクリバー神父の治癒

ドン・アルバロは創立者の人生で、特に劇的瞬間に主導的な役割を果たしました。何年にもわたりドン・アルバロは夕食前、エスクリバー神父にインシュリンを注射していました。その頃、医師は長時間効能のある新しい種類のインシュリンを処方していました。一九五四年四月二十七日、夕食の席に着くや、エスクリバー神父が突然「アルバロ、罪のゆるしを！」と言いました。ドン・アルバロは理解できず、創立者は再び「罪のゆるしを」と二度繰り返し、自分自身で秘跡の赦免の言葉を唱え始めようとしました。その瞬間、意識不明となり、その間、赤紫色になり、それから青白く黄色になり、体が収縮するように見えました。後に医師は新しいインシュリンによる急性アレルギー反応によるものだと診断しましたが、その時点では、ドン・アルバロは何が問題だったのかわかりませんでした。彼は即座に罪のゆるしを与え、医師を呼び、問題はインシュリンが多すぎたものと推測し、エスクリバー神父の口に砂糖を入れ、水と一緒に無理やり飲み込ませました。医師が到着するまでに、エスクリバー神父は意識を取り戻しましたが、その後数時間は、何も見えませんでした。ようやく鏡に映った自分を見ることができた時、「アルバロ、息子よ、自分が死ぬとどんな顔になるかわかった」とエスクリバー神父が言うと、「パドレ、ひな菊のようにさわやかに見えますよ」とドン・アルバロは答えました。「二〜三時間前のあなたを見るべきでしたね。本当に死人のように見えました」。

その時から、エスクリバー神父は糖尿病に悩まされることはなくなりました。医師の助言に従ってインシュリンを止め、その後、糖尿病の影響によるいくつかの不具合は続いたものの食事療法の必要はなくなりました。彼の主治医は、この回復を「科学的には説明できない治癒」だと述べました。

# 第十二章　第二バチカン公会議

一九五九年一月二十五日、教皇ヨハネ二十三世は公会議を招集することを決定したと発表し、カトリック界を驚愕させました。すでに第一バチカン公会議（一八六九～七〇）の終結から約一世紀を経ており、トレント公会議（一五四五～六三）からは五百年が経とうとしていました。会議の準備はタルディーニ枢機卿率いる委員会に委託されました。全世界の司教は討議すべき議案の提出を求められました。事前の準備の大部分はバチカン当局で行われ、増大する仕事量に対応するために当然外部にも援助が求められました。

ドン・アルバロはローマでの十六年間で、その教養、叡智、教会への愛と貢献、勤勉さ、短時間で多くの仕事をこなす能力、人への優れた対応などで教皇庁の中で高い評価を得ていました。五月二日、彼は聖職者聖省（現在の聖職者省）の顧問に任命されました。八月には、信徒に関する資料作成を担う準備委員会の委員長となり、同時に近代的な使徒職の方法に関する委員会のメンバーとなりました。信徒に関する準備委員会で用意された議案は、少数の選ばれた者だけでなく、すべての男女に神の召し出しがあるという聖性への普遍的な呼びかけを強調するものでした。これがこの公会議の中心的教義書すなわち教会憲章の根幹となりました。おそらくこの展開についてはアルバロが重要な役割を果たしたと考えられます。

公会議が開かれる一九六二年十月十一日の直前に、ドン・アルバロは専門家として指名され、三つの委員会でその任務を果たしました。一九六二年十一月八日には、「聖職者とキリスト信者の規律に関する委員会」の秘書に任命されました。これにより委員長のチリアチ枢機卿に次いで二番目の地位に押し上げられました。

委員会の日々の仕事を指揮しながら、枢機卿の不在時には会議の議長を務めていくことは想像を超える試練となりました。委員会のメンバーは鋭く意見が割れていました。聖職者を位階における最高位と見る人もいれば、主に奉仕する者と見る人もいました。聖体祭儀とゆるしの秘跡における司祭の役割を強調する人もいれば、何よりもことばの典礼を重視する人もいました。委員会は、チリアチ枢機卿に加えて二人の枢機卿と、十五人の大司教、十三人の司教、そして十六ヵ国からの四十人の専門家という顔ぶれでした。多くのメンバーは何年も教区を治めてきたか、または教会で責任ある地位にある人たちで、我が道を行くことが習いとなっていました。

教会法の改革委員会で数年後にドン・アルバロと一緒に仕事をした教会法学者は、委員会における彼の対応の仕方について次のように語りました。「会議では積極的に議論に注意を向けて理解し、常に問題の根底を見極めようと努力し、単刀直入で的確な意見だけを述べていました。不必要に会議を長引かせるだけの無用な意見を述べたりはしませんでした。簡潔で奥深く、的確かつ誠実、相手の尊重といった資質のゆえに、人々は彼を高く評価し、彼の意見に真摯に注意を傾けました」。

委員会の仕事は困難で、時としてもどかしく苛々《いらいら》させられることがよくありました。準備委員会は司祭の生活と奉仕職の異なる側面に関わるそれぞれ三つの教令の草案を起草していました。一九六三年初旬、第二バチカン公会議の総括的な役割をしていたグループがこの三つの教令は一つにまとめあげられなければならないと判断を下しました。どのテーマを取り入れ、どのテーマを削除するかについて皆の同意を得ることは困難を極めましたが、委員会は何とか一つの草案を起草することに成功しました。今までにほとんど行われたことがなかったにもかかわらず、一九六三年十一月にはすべての文章を十項目の短い教令にまとめるように指示されました。公会議の教父たちは一九六四年十月十三日から十五日までそれについて討議し、それでは不十分として否決しました。

結膜炎と副鼻腔炎に悩まされていたドン・アルバロにとって新しい教令の作成という仕事はさらに仕事量を増やすことになるのですが、公会議の教父たちが十項目のテーマについて討議した内容を盛り込んだ新しく本格的な教令を充実させて、委員会が公会議に提出することを提案しました。一週間後にこの提案は採択されました。ドン・アルバロは、再び委員会を招集し、否決された提案についての議論について多くの考察を鑑みながら新しい文章を作成することが必要であることを各委員に説明しました。次の委員会までに司教たちが持ち帰り、検討する時間を考慮すると二~三週間で終わらせる必要がありました。

委員会は元の草案を利用することもできましたが、特に時間的な制約や膨大な量の意見を取り入れていくことを考慮すると、文面で最終的な合意を得ることは極めて厳しいことでした。バチカンの事務所は夕方早くに閉まるので、ほとんど毎日夜半すぎまで公会議教父と専門家たちの住居で作業にかかりきりとなりました。

ドン・アルバロの委員会の仕事の指導ぶりを評して「賢明で、粘り強く、しかも友好的」と後に委員長であったチリアチ枢機卿をして言わしめました。ドイツのベネディクト会のマイヤー枢機卿によると、ドン・アルバロは、常に人の思いに去来する新たな展望に真摯に心を開き、メディアにもてはやされることを喜びとする一部の神学者たちの浅はかな「冒険精神」から完全に離脱していました。……「同じ教義、同じ意義、同じ意味を保ちつつ教義をさらに展開させる」というレランスの聖ヴィンセントの記述の中に真実を見つける基準を見出しました。

プエルトリコの司教会議の会長は、一九九四年に、この公会議に参加した頃を振り返り、どのような困難な状況に直面してもドン・アルバロは常に前向きな姿勢を崩すことがなかったことを強調していました。「いつも彼からは他の人々への理解と配慮を示す言葉が聞かれました。……間違いに対しては妥協することなく、しかし同時に人に対しては理解を示すのを見て啓発されました。彼はすべてにおいて肯定的な面を見出すことができました」。

テデスキーニ枢機卿はドン・アルバロの果たした役割について彼が示した不屈の精神に感服し、「ことと教会またはオプス・デイを守ることについてはライオンのごとき強さで守り通した」と述べています。

一九六四年十一月末までには委員会はのちに「司祭の役務と生活に関する教令」となる草案を仕上げていました。一九六五年秋には公会議の四期目である最終セッションが始まり、大きな困難が浮上する恐れが出て来ました。草案は司祭の独身制という論点についてかなりの長さを割いて説明していました。

この問題について意見が分かれることを望んでいた一部のジャーナリストは、二人の司教がこの必要性に反する意見を述べようとしているのを聞いてこれ幸いとしました。これを聞いたドン・アルバロは公会議の事務総長に報告し、事務総長はヨハネ二十三世の後継者であるパウロ六世にこのことを報告しました。この偏向した報道が流れる可能性に対処し、教皇はこの件に関する討議を止めさせることを文書で各司教に通達し、加えてキリストに対する司祭の完全な奉献を反映したラテン教会での古くからの伝統を守り、教会と霊魂への完全な献身を望んでいることを記しました。この手紙が十月十一日に声高に読み上げられると、司教たちの大半から割れるような拍手が湧き起こりました。この議題に関して議場での討議は行われなかったものの、司祭の独身制については千人以上の司教たちから千六百件以上の意見が寄せられ、書面でくまなく述べ尽くされました。

「司祭の役務と生活に関する教令」は二千三百九十四対四票で公会議教父たちによって可決されました。これは教会の司牧、司祭の役務、司祭の生活について語られる三つの主な部分に分けられています。教令は、今日ではバチカンの公式サイトで閲覧できます。ここで教令の文章を詳しく探ることはしませんが、新たな注意を喚起するに値する側面が一つあります。より良い司牧任務を行い、より良い司祭の配置をし、司牧任務について司祭らしく支えていくために、この教令はさらに力強くかつ柔軟性を持つ構造、すなわち、国際神学校や特別司教区、属人区を作ることを提唱しています。また教会生活の多くの他の分野における重要性に加えて、この属人区の要請こそがオプス・デイに扉を開き、現実のものとならしめるのでした。これにより、エスクリバー神父の生涯をかけたオプス・デイの法的地位の確立の責務を達成に導いたのです。この教令の可決にまさに満場一致で委員会が投票した時のドン・アルバロの喜びは想像に難くありません。

準備委員会から受け取っていた聖職者と信徒の規律に関する委員会の資料には、すでに地域に関わらない教区、別の呼び方では属人区の記述が含まれていました。おそらく「司祭の役務と生活に関する教令」にいずれ繋がる多くの草案から、この記述を残すのにドン・アルバロが主要な役割を果たしたと考えられますが、しかし、この役割の正確な意義の決定にはこの分野での委員会の照査が必要とされていました。属人区は前例がなかったわけでもなく、また「司祭の役務と生活に関する教令」の草案を作成するのに関わった人々の中でこの考えを支持すると予想されるのは、ドン・アルバロだけではありませんでした。委員会のメンバーであるマーティ司教はフランスミッションとして良く知られているポンティーニ教区に詳しく、何らかの形で属人区を勧める先駆者でした。委員会の他のメンバーもこのテーマについて関心を持っていたと思われます。

全世界からの司教や神学者がローマで一堂に会すというのは、大勢の方と知り合い、オプス・デイについて語る滅多とない機会でした。仕事の重責にもかかわらず、ドン・アルバロは司教たちと打ち解けた言葉を交わすことに多くの時間を割き、昼食やコーヒーをともにし、エスクリバー神父に彼らを紹介しました。創立者が枢機卿や司教をもてなす時や、訪問した時にはほとんどいつも同席していました。

公会議開催中に出会った人々の多くは生涯の友となりました。頻繁に国際会議に出席しているある著名な神学者は、自分がオプス・デイに属していると新しい知人に話すと、大抵その答えは彼らもオプス・デイにとても良い友だちがいると答え、それはドン・アルバロのことだったと話しています。彼がいかに人々に感銘を与えたかは、数多くの司教たちが、ローマにいる間の聴罪司祭として、ドン・アルバロを選んだことでもわかります。

彼は自分自身やオプス・デイに批判的な人々に対してすら常に心を開いていました。ある日、公会議の教父および専門家との会議中、オプス・デイに対して公然と批判的であったスイスの神学者ハンス・キュングに紹介されました。ドン・アルバロは単に握手する代わりに「私たちは二人とも第二バチカン公会議の作業で、キリストの代理人を助けようとしているわけですから、なおさらのことキリスト者として、また司祭として、私たちは互いに愛し合い、祈り合うべきです」と言いながら彼を抱擁しました。キュングはそれを快く受け容れませんでしたが、ドン・アルバロはオプス・デイについて彼が知りたければ情報を提供し、創立者を紹介すると申し出ました。

## パウロ六世との邂逅《かいこう》

ドン・アルバロは公会議開催中に教皇パウロ六世と会う機会が二度ありました。一回目は一九六四年一月二十四日、教皇がエスクリバー神父に謁見を許された時でした。謁見の最後に一九四六年以来の友だったドン・アルバロを中へ招き入れました。この長年の友人関係を顧みて、教皇は「私も年を取った」と言われ、それに対してドン・アルバロは「教皇様、ペトロになられたのです」と応えました。謁見の最後に写真を撮られた時、教皇はドン・アルバロに優しく「ドン・アルバロ、ドン・アルバロ……」と呟いておられました。

一九六五年十一月二十一日、教皇パウロ六世はローマ郊外の貧民街の労働者階級の青年たちのための主要教育施設であるチェントロ・エリスの落成式を挙行されました。この施設は教皇ヨハネ二十三世によってオプス・デイに委託されたもので、寮、図書室、スポーツ学校、さらには若い女性のためのホスピタリティー研修センターなども兼ね備えた技術専門学校でした。オプス・デイの神父に委託された大きな教会が隣接して新しく建設されました。教皇は枢機卿や司教たちがローマにいる間に出席できるように公会議開催中に落成式を行うことを勧められました。そして多くの聖職者たちが参列しました。教会を任され、チェントロ・エリスを訪れた後、教皇はエスクリバー神父を抱擁して、こう言われました。「ここはすべてがオプス・デイだ」。ドン・アルバロは教皇がオプス・デイがそこで行おうとしていることに評価を示してくださったのを聞いて大いに喜びました。

## 山積みの仕事

オプス・デイの事務局長という責務上、ドン・アルバロは聖職者の間で広く彼の名前を知らしめることができる環境で講義をしたり、委員の司祭たちとのグループと交流したりする多くの機会を断らなければなりませんでした。おそらくこれが理由となり、公会議開催中の奉仕は昇格に繋がりませんでした。委員会の秘書の大多数は公会議終了後、ほどなく司教に任命され、多くはバチカンの重職に就きました。

ドン・アルバロは重職への誘いを受けないことを問題にしていませんでした。実際、彼は聖職界のはしごを昇る機会を避けていました。ある友人が聖職者省の重要なポストに彼を推そうとしましたが、神の彼へのご意思は彼がオプス・デイの創立者を助けることに捧げることだと説明して、思い留まってくれるように頼みました。彼の興味は聖職者としての経歴を持つことではなく、神のみ旨を遂行することにあったのです。

講演の機会やいろいろな招待を断っても、睡眠時間を削ってようやく仕事を何とか終えられることが多々ありました。一九六一年のある友人に書いた手紙の中でこう言っています。「あなたは私が働きすぎると言うが、そのとおりです。眠る時間をもっともっと削らなければなりません。それでも私の召命を全うできるなら私は満足です」。

彼が時間を削らなかったのは直接神に捧げる時間だけでした。毎日ミサを挙げ、一日一時間は念祷に費やし、聖務を果たし、彼が召し出しを受けた初期の頃からエスクリバー神父に教えを受けたとおりの生活規定の一部を成す数々の信心の業をこなしていました。祈りを捧げる時間が他の仕事をする障害となるとは考えないで、ドン・アルバロは、むしろ祈りと神の現存のうちに、彼がなすべき仕事を成就する鍵を見出していたのでした。後年に彼は次のように語りました。「私たちの時間を増やすには、もっと神の現存を感じることが必要です。そうすればさらに平安のうちに、さらに集中して、より良く成し遂げたいと強い願いを持って仕事に当たることになるのです」。「結果として私たちの時間が増えていきます。なぜなら、より良く、さらなる関心を持ち、さらに的確にやり遂げようと強い願いを持って事に当たるからです。そのようにして気が散ることが少なくなり、時間を浪費しないですむのです」。

# 第十三章　公会議後の十年

公会議終了後からエスクリバー神父の帰天までの十年間、ドン・アルバロはオプス・デイの事務局長、創立者の聴罪司祭、最も信頼のおける協働者また腹心の友として、ずっと創立者の傍らで仕えました。また普遍教会にも変わらず仕えていました。一九六四年には教会法典改訂委員会の顧問に任命されています。一九八三年に最終的に新しい教会法が公布されるまでほぼ二十年にわたり、この任務を果たすために自分の時間の大半を費やすことになりました。一九六六年には教皇パウロ六世によって教理省の顧問および裁判判事に任命されています。ラッツィンガー枢機卿（後の教皇ベネディクト十六世）は、ドン・アルバロの教理省での仕事に言及して「長年にわたる顧問としての仕事は、謙虚さと、どのような状況下においても対応力のすばらしさが際立っていました。彼の能力と経験によって教理省は並外れて充実したものになりました」と記しています。

公会議後のドン・アルバロの生活は、公会議前の十年と外面的にはほとんど違いはありませんでしたが、特別な喜びと苦しみの年月でした。オプス・デイが成長と発展の一途を辿るのを目の当たりにするのは、絶えざる喜びでした。教会内では異議や意見の不一致が広まっていたにもかかわらず、オプス・デイは教皇とも、そして創立者とも親密な関係を維持していました。メンバーの数は急増し、年々、ローマの創立者の傍らで形成を受けた多くの青年たちがオプス・デイの司祭に叙階されました。一九六五年から一九七四年までの十年間に、叙階された司祭の数は四百人近くに達し、同時期にオプス・デイのメンバーは三万三千人から六万人まで増加しました。

毎年、世界各国から聖十字架ローマン・カレッジにやって来る青年たちの形成に最適な場所を提供するために、創立者はローマの郊外に新しい施設を建設することを決定しました。ドン・アルバロは、彼にとってさらにかなりの仕事量を抱え込むことになり、しかもあちこちで神学校が閉鎖されているこの時期に、とても現実的と思えないだろうと知りつつ、しかし熱心にこの決定を支持しました。

## 公会議の教えを喜ぶ

第二バチカン公会議の結果は、また一つの喜びでした。ドン・アルバロは、公会議の文書に、教会に光と恵みを注いでいる聖霊の業を目にしたのです。彼は公会議の教えの多くの面に喜び、また特にオプス・デイの精神の特徴の多くが全教会に提案されているのを見て一層の喜びを感じていました。

教会憲章の中で、公会議は「いかなる身分、地位にあっても、すべてのキリスト信者が充実したキリスト教的生活と申し分のない愛の実践に召されている」（40番）、さらに「すべてのキリスト信者は、聖性とそれぞれの身分における完徳とを追求するように招かれ、また義務づけられている」（42番）と宣言しています。これはまさに一九二八年以来オプス・デイのメッセージの中核を成してきたことでした。

同文書には信者の積極的な役割と世俗性の価値についても描かれています。これこそまさしくドン・アルバロが召し出しの初期からエスクリバー神父から聞かされていたことでした。公会議の教えでは「信徒に固有な特質は、世俗に深く関わっているということである。信徒に固有の召命は、現世的な事柄に従事し、それらを神に従って秩序づけながら神の国を探し求めることである。創造主とあがない主の賛美になるよう、それらすべてに光を当て方向づけることは、特に彼らに託された使命である」。信徒使徒職に関する教令は、キリストは一般信徒が教会生活に対して受け身の姿勢ではなく、積極的に教会に貢献することを望んでいることを強調しています。「信徒は同じようにキリストの祭司職、預言職、王職に参与するものとされ、神の民全体の使命の中で自分なりの役割を教会および世において果たしている」。公会議の教えによると、彼らは主に日常生活の中で、キリストの福音を告げるように召されています。「この現世的秩序における信徒の働きはキリストをはっきりと証しするものとなり、人々の救いに奉仕するものとなる。この世のただ中で生活して世俗の仕事に携わることが信徒の身分に固有のことであるため、彼ら自身、キリスト教的精神に燃えつつ、パン種としてこの世において使徒職を果たすように神から召されているのである」。

公会議の教えのこのような側面は、ドン・アルバロに格別の喜びを与えました。教皇フランシスコがエスクリバー神父を公会議の「先駆者」と記述されたのはこのような所以《ゆえん》によるのです。

## 教会と苦しみを共にして

ドン・アルバロは公会議の実り豊かな教えに喜びを感じていたものの、第二バチカン公会議後、何年にもわたる教会の多数の問題に激しく懊悩《おうのう》することは避けられませんでした。教皇ヨハネ・パウロ二世が後に枢機卿に任命したフランスのドミニコ会の神学者イヴ・コンガールは、一九六九年に当時の教会の状態について書いた著書を*In the Midst of the Thunderstorm*(雷雨の真《ま》っ只中《ただなか》で)と題しました。教皇パウロ六世は教会の状態を「ひびの間から、悪魔の煙が神のお住まいに入り込んだ」と嘆かれました。教皇パウロ六世は教会の状態を「疑念、不確実性、困惑、動揺、不満、対立に満ちたもの」として述べています。公会議後に希望がもたれていた太陽の輝きではなく、その代わりに教会が経験したのは、「模索と不確実という曇天と嵐と暗黒の日々」と教皇は見ておられました。エスクリバー神父は同じような気持ちで、しばしば公会議後の十年間を、教会にとって「試練の時」と表現しました。

公会議後の時代の歴史は複雑ですが、いくつかの要素は、はっきりとしています。第二バチカン公会議をキリスト教の伝統の発展というより、教会の歴史の革命的な変革として称賛した一部の人々は、ご聖体の中のキリストの現存や婚姻の不解消性などといったカトリックの主要な信条をおおっぴらに否定しました。伝統的な教えや教皇の権威の拒絶は、教皇パウロ六世の受胎調節に関する回勅『フマーネ・ヴィテ』に対する否定的な受け止め方に如実に表れていました。教会の教えを直接は否定しなかった人々までも、破壊的な相対主義がその中身を失わせました。多くの国では、キリスト教の愛徳や一致の代わりに、階級闘争や対立といったマルクス主義の概念が説き勧められていったのです。

多くの修道会では新しい会員の急激な減少が見られ、既存会員は多数脱退し、場合によっては崩壊に近いほどにまでなりました。多くの司祭が聖職を去り、神学生の数も大幅に減少しました。一九七〇年、北米には七万三千四百七十六人の司祭がいました。その後の二十五年間に二万九千四百五十三人の司祭が叙階されましたが、三万三百九十三人は帰天し、一万七百九十三人は司祭職を離れ、一九九五年までには司祭の人数は六万千七百四十三人となりました。ヨーロッパの場合は、さらに急激に減少し、一九七〇年に二十七万二千九百三十五人いた司祭が一九九五年には二十一万七千二百七十五人となっていました。こういった状況の中、ドン・アルバロはエスクリバー神父の模範に倣い熱心に祈り、罪の償いを行い、この教会の試練の時を一刻も早く終わらせてくださいと主に懇願しました。

ドン・アルバロは、特に公会議で彼が専門とした分野である、婚姻および性についての教会の教えと公会議の教えの真正な理解を広めることに努めました。一九六九年、*Faithful and Laity in the Church*（『教会における信者と信徒』）と題する本を出版しましたが、この本は、聖職権主義と受け身の姿勢を排除した教会の使命の中で、すべての信徒が積極的に責任を持って参加するように召されているという、神の民に関する公会議の教理を初めて系統立てて表したものです。翌年には、当時広まっていた司祭のアイデンティティーについての疑惑に応えるかたちで、過去に掲載された数々の小論文をまとめた本、*On Priesthood*（『司祭職について』）を出版しました。これは「司祭の役務と生活に関する教令」の教えに則り、奉献と宣教に関しての司祭のアイデンティティーを論じています。

彼は、私信の中で、教会の教えにはあくまでも忠実に、そしてただ見たり聞いたりしただけのことに振り回されないように努めることを人々に勧めています。修道会で聖職者の一員として働いている甥に対しては手紙の中で「私が折に触れ言ってきたことを思い出すように。教会の伝統的な教理を忠実に守ること……祈り、読書、福音書の黙想、そして神と私たちの母である聖母マリアに日々のささやかな犠牲を怠らず、熱意と忍耐を持って行いなさい」と書いています。

彼はまた教会の教えへの忠節に対して批判の標的となった著者たちを激励しました。例えば、コーネリオ・ファブロ教授に「貴殿は、無数の霊魂をひどく傷つけ、私たちを苦しませる邪悪な悪魔の源を明確に指摘することによって、教会そして聖母にすばらしい奉仕をなさっています。神の祝福が注がれますよう！」と手紙を書き送りました。カルメル会のフェリペ・デ・ラ・トリニテ神父のテイヤール・ド・シャルダン司祭に関する彼の研究については、「考え方の明晰さと教義上の厳密さ」を称賛し、「真に教会と聖霊への偉大な奉仕」と評価しています。

公会議後の困難な年月だけでなく、ドン・アルバロは生涯を通して、永続する教会の教義への忠節に結び付く新しい展開に対して寛容でした。彼は啓示された真実と、単に変わりゆく過去の伝承やさまざまな考え方の相違とを注意深く区別しました。分裂よりも一致を強調し、対立ではなく対話を求め、それが政治的あるいは経済的または社会的な問題であろうと、ほとんどの問題がキリスト教的信条と道徳に矛盾することのないさまざまな解決策があるという事実に細心の注意を払い、一致を推し進めることに努めました。このような理由で、真の自由は、相対主義とは相反する、真理に向けた責任感と密接に繋がっているということを強調しながら、宗教、文化、経済、政治、教育、芸術などのあらゆる面の自由を頑なまでに擁護しました。

**オプス・デイの法的地位**

公会議後の十年間におけるドン・アルバロの人生で最も重要なことは、オプス・デイの的確な法的地位を確立しようと努力し続けるエスクリバー神父を手助けすることでした。

一九四七年と一九五〇年にオプス・デイが在俗会という法的枠組みに入れられたのは痛恨の妥協でしたが、当時、それだけが、オプス・デイが教皇の承認を得られる可能性のある唯一の道だったのです。しかしそれには、今では奉献生活と呼ばれる「完徳の身分」がそれとなく暗示されていたのです。「完徳の身分」とは、清貧、貞潔、従順の三つの福音的勧告の誓願によって、あるいはそれに相当するものとして位階的権威に認められた聖なる絆を表明することによって、神に奉献したキリスト信者であることを特徴としていました。ところでオプス・デイが求める聖性は、このような意味での完徳ではなく、一人ひとりが、それぞれの置かれた状況の中でキリスト者としての使命を完全に果たす努力を意味するのです。

法的背景を持たない人々にとっては、これはただ理屈をこねているだけのように思えるかも知れません。しかし、ドン・アルバロは、教会法を身につけ、オプス・デイとバチカンの両方で法的問題に携わってきたおかげで、致命的な利害の危機にさらされていることを認識していました。もしもオプス・デイが長期間、適合しない法的カテゴリーに属したままにされると、一九二八年にエスクリバー神父が受けた天啓の内容が徐々に失われてしまう危険性がありました。世俗の事柄に従事しているメンバーでも、修道会のメンバーとほとんど変わりなく、いずれ教会で特殊な立場を持つ奉献者として認識される可能性があったのです。

しかしながら、それはオプス・デイの創立のカリスマと根底から相容れないものがありました。オプス・デイの基本的なメッセージは、洗礼を受けた結果としてすべての男女が聖性への招きを受けているということを意味します。この招きはすべてのキリスト者に向けられ、洗礼の他に、奉献への招きも何も必要とせず、また信徒という以上の地位も要求されるものではありません。日常生活の中で聖性を求めるというこの呼びかけに真剣に応えようと決めた人々を特別扱いすることは、メッセージそのものと矛盾してしまいます。

オプス・デイが在俗会として分類された当初から、バチカンのほとんどの関係者を含め多くの人が考える在俗会と、オプス・デイの本質との間には齟齬《そご》がありました。在俗会の法的枠組みを制定する法律には、在俗会は、通常、宗教団体でも共同体組織でもないと規定していました。しかしながら、オプス・デイの法的形態を研究している専門家によると、多くの人は、在俗会とは、在俗信徒のキリスト者としての可能性を認めるということよりも、聖職者的な身分を世間に適応あるいは関係させるものだという見解を持っていました。

時の経過とともに、修道会と区別がつかない組織以外は、すべての機関が在俗会として承認されました。バチカン関係者が、在俗会を修道生活というレンズを通して見る傾向があったということも相俟《あいま》って、つまり一九六〇年代初期まではほとんど誰もが、在俗会とは修道会の特徴とする完徳の状態に柔軟性を持たせた状態であると考えていたということです。やがてエスクリバー神父は、オプス・デイは法的には在俗会の法的カテゴリーに入れられているが、本当は在俗会ではないと言い始めたのです。

ドン・アルバロは、メンバーの全面的に世俗的な特徴を尊重する、より適切な法的カテゴリーへのエスクリバー神父の熱い願いを共にしました。これが彼の祈願の最大の焦点、実際、おそらく最優先の焦点となりました。エスクリバー神父と共に「甘美なる聖マリア、安全な道を示し給え」と聖母マリアに熱心に祈っていました。

彼はエスクリバー神父と共に全力を注いで解決の可能性を求めました。一九六〇年、エスクリバー神父の要請でバチカン関係者と法的形態の変更について長時間にわたり話し合いが行われましたが、いかなる変更もまだまだ先のことだと言われました。その二年後、エスクリバー神父は再び変更の要請をしました。嘆願書に添付する文書を集中的に作成するだけでなく、ナポリの近くのポンペイの聖母にエスクリバー神父と共に巡礼に行き、オプス・デイに適切な法的枠組みが計らわれるように聖母に祈りました。しかし聖座の回答はまたもや否定的なものでした。

教皇パウロ六世は一九六四年十月十日の謁見で、エスクリバー神父に公会議が作成している文書に解決策があるかもしれないと言われました。「司祭の生活と役務に関する教令」は見てのとおり、属人区を作ることを認め、オプス・デイの現実を見事に反映する法的構造を成していました。一九六〇年代半ばには、いくつかの教皇文書は必要な枠組みを具体化していきました。ドン・アルバロはこの中でも最も重要な文書、自発教令『エクレジエ・サンクテ』を起草する任務を果たしました。ついにオプス・デイ史上初めて、教会の法令の中に適切な法的カテゴリーが存在することになったのです。しかしエスクリバー神父は、直ちにオプス・デイの属人区への変換を求めるよりも、好機が訪れるまで待ち続け、祈ることを選びました。ドン・アルバロもこの祈りに熱意を持って加わりました。

## オプス・デイ特別臨時総会

一九六九年、エスクリバー神父はオプス・デイの特別臨時総会を招集し、規約を見直し、聖座に提出すべき詳細かつ膨大な資料の文書作成の準備をすることを提案しました。総会開催に先立つ何ヵ月間か、ドン・アルバロはエスクリバー神父に同伴し、ヨーロッパ中の数多くの聖母の巡礼地に赴き、教会と教皇、そして予定されているオプス・デイの総会のために祈りを捧げました。エスクリバー神父は、聖母マリアは「世界に使徒の軍団を送り出すという聖なる闘いの困難な時に、私たちを慰め、微笑みかけ、励ましてくださる善き母」であり、だからこそ彼女に祈りを捧げているのです、と説明しました。

総会は一九六九年九月一日に開会し、八十七名の男性と百五名の女性が参加しました。ドン・アルバロは事務局長を務めました。ドン・アルバロは、開会の冒頭に創立者との一致と彼の精神への忠誠を宣言しました。何年も前に聖座は創立者にオプス・デイ固有の法律変更を加える終身の権限を付与しているので、彼はオプス・デイの誰の承認も得る必要がないことを指摘しました。「私たちが提案したことを適切だと思えば受け容れ、そうでなければ受け容れないのは、パドレの自由であると理解した上で、もしパドレがこの総会を招集することをお望みであったのであれば、私たちのできることは何でも喜んで協力します」。

第一回会議は二週間にわたりました。オプス・デイのための適切な法的枠組みの必要性を強調して、第二バチカン公会議の文書に定められ、後に教令にまで発展していくことになる属人区のカテゴリーが提案されました。総会は一年後に再開するということで合意しました。その間に、ドン・アルバロは、すべてのメンバーに第二回会議で検討し、提案する機会が与えられるように世界中で特別審議会を開く旨を聖座に伝えました。

## 不吉な暗雲

総会の第一セッション中あるいは直後、エスクリバー神父は、特にオプス・デイのような在俗会がそのような扱いを受けるのを中止させることを願って、在俗会の実態を調査するための特別委員会がバチカン内に設置されたという噂を間接的に耳にして衝撃を受けました。特にこの委員会の一部のメンバーはオプス・デイに対して敵愾心《てきがいしん》を持っていることで知られていたので、オプス・デイの総長に相談どころか連絡すらなく、そのようなグループが結成されるとは憂慮すべきことでした。殊に懸念の原因となったのは、国務省長官代理のジョヴァンニ・ベネリ大司教で、バチカンでは強力な影響力を持つ彼がこの委員会設置の要となっていたことです。

一九六二年から一九六五年にかけてベネリ大司教がスペインのバチカン大使館で参事官を務めていた当時、彼とオプス・デイの間には深刻な誤解が生じました。彼は立場上、フランコ政権から教会を遠ざけさせようとし、その一環として、ごく少数のオプス・デイのメンバーがフランコ政府に所属していたので、その人たちが辞任するよう説得することをエスクリバー神父に依頼しました。オプス・デイのメンバーは完全な政治的自由を享受しており、政治的判断に対してオプス・デイが影響力を及ぼすことはできないし、またすべきでもないという見地から、エスクリバー神父はそれを断ったのです。もしもスペインの聖職者がすべてのカトリック信者に政府への協力を拒むことを公式に要求したのであれば、他のカトリック信者と同様、オプス・デイのメンバーももちろんそうしなければならないでしょう。しかし、オプス・デイはメンバーに対して、政治に関して、何を考えどう行動すべきか指示することはできないとエスクリバー神父は説明したのです。

ベネリ大司教はこれを快く受け止めませんでした。二人は疎遠になり関係は冷えたものになりました。エスクリバー神父がフランコ政権を支持したいと望んでいるからではなく、メンバーの政治的自由というオプス・デイの基本的精神の特徴を擁護する必要があるからだということを、ベネリ司教が理解できなかったのが、その原因であったと思われます。

理由が何であれ、ベネリ司教の敵愾心《てきがいしん》、少なくとも冷淡さが一九六〇年代後半の重大な懸念の要因となりました。というのも、彼は一九六七年の教皇パウロ六世の「強力な右腕」としてタイム誌に掲載されるほど、バチカンで最も大きな影響力を持つ一人となっていたからです。

後に枢機卿になったベネリ司教は、後々、ドン・アルバロに大きな信頼を置くようになり、フローレンスの大司教になってからは、頻繁に彼に助言や援助を求めるようになっていました。そして教皇にエスクリバー神父の列聖調査の開始を提案する手紙を書くほどになりました。一九六〇年代には、オプス・デイに対して好感を持っていなかった彼の態度が変わってきたのは、ドン・アルバロが、最初から尊敬の念だけでなく、誠実な愛を込めて接してきたことが理由なのかも知れません。

ドン・アルバロや他の人の助けを得て、エスクリバー神父は一九六九年九月十六日に教皇宛に直接手紙を書きました。手紙には第一回の臨時総会の状況の概要と、臨時総会開催中はオプス・デイの法的地位について決定が下されないようにお願いしたい理由を説明した長い要旨が添付されていました。

数日後、国務省長官から電話があり、委員会は存在しているものの、その唯一の目的は司祭で構成された在俗会を調査することであることを知らされました。彼はさらに、教皇は手紙に書かれていた表現の一部に気分を害されていることも付け加えました。エスクリバー神父は即座にもう一通の手紙を書き、前の手紙の理由と重要性を説明し、改めて教皇への固い忠誠を表明しました。「教皇様、もし私が教皇様をご不快にさせるようなことがありましたら、それは全く私の意志に反する不本意なことであり、心よりお詫び申し上げます。最大の信頼を持って、ローマ教皇としての父なるご配慮が、これらを受け容れ、理解し、満足させる最善の方法を見つけてくださると十分に理解した上で、この問題を明らかにしたいという私の望みを教皇様の御手に託します」。エスクリバー神父も事を解決しようと二度ベネリ枢機卿に会いに行きましたが、彼の対応は冷淡で、不信感さえ感じられました。その後まもなく、国務省長官から教皇庁で働いているオプス・デイのメンバーの名前を知らせることを要請する手紙が来ました。そのような要請は異例でもあり、不信感を表しているように思えました。それにもかかわらず、エスクリバー神父は要求された情報を与えることに即座に応じました。またもや、エスクリバー神父の最も近い協力者であり腹心の友として、ドン・アルバロも彼の心痛を分かち合いました。

## 庇護を求めて

一九七〇年春、ドン・アルバロはエスクリバー神父に同伴してファティマから、北部スペインのトレシウダへと数回、巡礼に出かけました。トレシウダではオプス・デイのメンバーが多数の人々の支援を得て神の母に捧げる大規模な聖堂を建設中でした。ローマに戻って少し後に、ドン・アルバロはローマ教区の教皇代理、デル・アクア枢機卿を訪問して、オプス・デイが属人区になることを希望する理由を説明しました。

一九七〇年五月一日、エスクリバー神父はドン・アルバロと共にメキシコのグアダルーペの聖母の聖地に巡礼することを決めたと発表しました。そこでは毎日、教会と教皇、そしてオプス・デイのために何時間も祈りながら、聖母に九日間の祈りを捧げました。ドン・アルバロとエスクリバー神父は、熱情を込めて祈ったグアダルーペの聖母が、遅かれ早かれオプス・デイの法的地位の問題を解決してくださるという自信に満ちてメキシコから戻りました。

## 第二セッション

総会の第二セッションでは、世界中のメンバーから寄せられた五万通以上の文書や提案を検討しました。代表者たちは「創立者が最適と考えた時と方法で、オプス・デイの組織的問題の最終的な解決を謙虚にまた自信を持って聖座に再び要請する」ことを創立者に委ねるという決議案を満場一致で可決しました。これをもって第二回会議は閉会しました。

本会議は終了していましたが、総会は正式に閉会されてはおらず、ドン・アルバロおよび創立者と共に、総会での結論に照らして、オプス・デイの固有の規約を検討するために教会法の法律家からなる専門小委員会が設置されました。オプス・デイのために新しい規約を定める作業は大変な時間と労力を要しましたが、一九七四年十月一日、創立者によって新しい規約が承認されました。その時点で、オプス・デイを属人区に指定するよう聖座に依頼することは、適切な時期を待つだけの問題となったのです。これによって法的分類が変わり、教会生活の実体、精神、役割を変えないまま、管轄は修道者・在俗会省（現在の奉献使徒的生活会省）から司教省に移管されることになるのです。一九七五年六月二十六日にエスクリバー神父が急逝するまでの間、それ以上の進展はなく、このプロセスを完成させるのはドン・

アルバロにかかってきたのです。

## エスクリバー神父のカテケージスの旅に随行して

一九七〇年にメキシコ滞在中、エスクリバー神父は大勢のオプス・デイのメンバー、協力者、オプス・デイの使徒職と関わっている人々と打ち解けて、特に質問に答えながら、信仰について語りました。ドン・アルバロも参加したメキシコでのこれらの集まりがきっかけとなって、創立者の人生の最後の三年間に他国で行われたさらに大規模な団らんがもたれるようになったのです。

エスクリバー神父は、この大勢の人たちとの集まりをしばしばカテケージスと称していました。カテケージスと聞けば、より形式的で組織だったものを想像されるかもしれませんが、実際には、ほとんどの場合、エスクリバー神父が十分以上話すことはなく、参加者との対話になり、あらゆることについて質問が殺到しました。例えば、どうすればもっと聖母マリアを愛することができるか、どのように学生仲間に使徒職をするか、どうすればよりうまく時間を活用できるのか、家庭や職場で難しい状況をどのように切り抜けるか等、さまざまな話題について質問しました。

エスクリバー神父は、何百人、何千人もの人たちの前で質問者が明らかに個人的な心配事についての質問をすることに何らためらいを感じないように、温かく、親密な雰囲気を作りだしました。エスクリバー神父からすれば、あたかも質問者と自分だけしかいないかのように、必ず質問者に向かって答えていました。人数が多く、マイクを使って質問する時、隣に小さな赤い光のついたポールを持って立つように頼みました。彼の回答はいつも簡潔で、常に前向きで、励ましの言葉でした。

エスクリバー神父の最初の長いカテケージスの旅は一九七二年秋のスペインとポルトガルの旅でした。一九七四年春には二度目の長旅でブラジル、アルゼンチン、チリ、ペルー、エクアドル、ベネズエラを訪れました。その旅ではグアテマラにも行く予定でしたが、健康上の問題が生じ、途中で旅行を切り上げざるをえなくなりました。グアテマラとベネズエラを再度訪問したのは一九七五年二月でした。しかしグアテマラに到着直後、またもや健康状態の悪化に阻まれ、ローマに戻りました。

ドン・アルバロはエスクリバー神父のこれらの旅に同行し、ほぼすべての集まりに出席していました。バルセロナでの集まりで、ある女性が「友人が以前の集まりに参加した時、すでに何十回も何百回も聞いたことがあるはずの話をドン・アルバロが熱心に聞いている姿に感銘した」と言っていたと、エスクリバー神父に話しました。「友人はさらに『オプス・デイの人々はお互いにとても愛し合っている』と語っていた」と述べました。エスクリバー神父は、「彼女の言うとおりです。私たちは互いに愛し合っています！　そして、その言葉は人々からいただける最高の賛辞です。というのは、異教徒が最初の信者たちのことを『見よ。彼らがいかに愛し合っているか』と認めたのですから」と述べました。

エスクリバー神父のこれらの旅に随行したエチェバリーア司教も、「ドン・アルバロは常に陰にいながら、パドレが見え、聞こえ、お世話できる場所に控えていました。パドレから学びたい一心で、パドレを見ていました。彼が創立者を気遣い、すべてにおいて後押しをし、オプス・デイを実践していくのを助けている姿が常に見てとれました」と述懐しています。特に最後の二回の旅行中には、創立者に休息をとるように勧め、健康状態が回復するのに必要な時間をとるようにと促し、彼の健康への気遣いにドン・アルバロの創立者に仕える心が滲み出ていました。

エスクリバー神父を支えることに加えて、ドン・アルバロはこれらの旅の中で出会ったオプス・デイのメンバー間で家族的精神を育むことに大いに貢献しました。ある人曰く、「ドン・アルバロは、好意的なコメントや、時宜に適った質問をしたりして、ささやかながらも私たち一人ひとりに愛情を示してくれました。彼は自分自身が注目を浴びないように注意していましたが、じんわりと温かさと愛情を注いでいました」。彼らがメキシコシティで滞在したオプス・デイのセンターの日誌には、こう書かれています。「ドン・アルバロもまた私たち皆を感動させました。いつもパドレの傍らにいて、私たちが望むことのできる最高の模範ともいうべき忠実さと洗練さを持ってパドレに接していました。ドン・アルバロがいない時に、一度ならずパドレは彼を褒め称えていました。しかしそのようなパドレの言葉がなくても、彼のパドレへの支えや愛情に私たちが気づかないはずはありえませんでした。彼はパドレへの接し方の模範を示してくれました」。

ドン・アルバロはこの大規模な団らんを撮影することについて、創立者をうまく説得するのに成功しました。最初エスクリバー神父は抵抗を示したのですが、ドン・アルバロは、「もしもこの団らんを映像で記録して残さなければ、後世の人たちは、この時パドレの傍にいた子どもたちは愚か者か、彼を愛していなかったのだと考えるでしょう」と指摘して説き伏せました。「私たちは確かに愚か者かもしれませんが」、ドン・アルバロは続け、「でもそこまで愚かではありません。そしてもちろん、私たちはパドレを愛しています」。

# 第十四章　創立者の継承

一九七〇年代に入り、時の経過とともにエスクリバー神父が患っていた心不全は、次第に悪化の一途を辿りました。彼はまた糖尿病が原因で起こる視覚障害も抱えていました。とは言え、一九七五年にはドン・アルバロもエスクリバー神父と親しかった他の人々も、彼がすぐに亡くなってしまうなどとは予想だにしていませんでした。

六月二十五日、創立者はオプス・デイの最初の司祭となったドン・アルバロと他の二人の司祭叙階記念日を中央委員会のメンバーと共に祝いました。昼食後の団らんでは、ハンガリアンリキュールが供されました。ある教授が友人からの贈り物として受け取ったものを送ってくれたのです。いつもの習慣どおり、エスクリバー神父はそれを飲まず、またどういうわけかドン・アルバロにも飲まないようにと言いました。創立者は、皆がその珍しいリキュールを振る舞われるのを待っている時の顔が面白いと言って、いつものように明るいユーモアを発揮したのでした。

翌朝、ミサを終えて軽い朝食をとった後、ドン・アルバロとドン・ハビエル・エチェバリーアは、カステル・ガンドルフォにあるオプス・デイ女子部の国際形成センターまでエスクリバー神父に同行しました。女性も司祭のような精神を持つようにというようなことを、家族的な雰囲気の中で話した後、創立者は体調が悪くなり始め、団らんを中断しなければなりませんでした。司祭の部屋で少し休息をとった後、彼は「もうローマに戻ることができる」と伝えたのです。ドン・アルバロはもう少し休むようにと説得しようとしたのですが、エスクリバー神父は体調は十分良くなったのでローマへ戻れると主張しました。

正午になる数分前にヴィラ・テベレに戻ると、エスクリバー神父は階段を昇るのが大儀そうで、ドン・アルバロは彼がその場で息絶えてしまうのではないかと心配でした。それにもかかわらず、創立者はご聖櫃におられる主に挨拶するために少し立ち止まり、愛を込めて敬虔にゆっくりと跪きました。彼がいつも働いているドン・アルバロのオフィスに入って数秒後、エスクリバー神父は、秘書のハビエル・エチェバリーアを呼び「ハビ！ ハビ、気分が悪い！」と言って床に倒れたのです。偶然近くにいた医師が酸素吸入と注射と心臓マッサージをし、直ちに蘇生を試みました。ドン・アルバロは彼に罪のゆるしと病者の塗油の秘跡を授けました。それから一時間半、医師たちは創立者の命を救おうと試み、一方、ドン・アルバロは数回にわたり罪のゆるしを繰り返し唱えました。彼はまた女子部の責任者に連絡をし、中央本部にいたメンバー全員を聖堂に集めて、少なくとも十分間、非常に緊急な意向のために、一心に祈るように求めました。午後一時三十分、彼は創立者が明らかに亡くなったとわかり、ついにあきらめました。

創立者の遺体を両腕に抱いたドン・アルバロが最初に考えたことは、「今、私たちは本当にとり残された孤児になってしまった」ということでした。しかし、即座に「私たちはとり残された孤児ではない。私たちは孤児ではない。父なる神は天国にいらっしゃる。さらにそこには私たちの創立者も神と共にそこに……」と正しました。

中央委員会のメンバーたちはむせび泣きしていましたが、ドン・アルバロは家族の長兄としてただ悲しみに耽っていることはできませんでした。彼は、創立者の帰天の悲報を世界中のオプス・デイのメンバーに伝えるとともに、聖座や報道関係者に伝える手配をし、創立者の葬儀の手配や通夜が行われる聖堂で間断なく続けられるミサの段取りにも着手しました。

もう一つの決断は創立者の墓石に刻印する言葉についてでした。一九五七年当時、エスクリバー神父は、"Josephmaria Escrivá De Balaguer y Alvas. Peccator. Orate Pro Eo"「ホセマリア・エスクリバー・デ・バラゲル・イ・アルバス、罪人、彼のために祈ってください」が彼の意向だと述べていました。もし皆が良いと思うなら"Genuit Filios Et Filias"「父として多くの息子と娘を生んだ」という言葉も付け加えて良いと言っていました。しかしエスクリバー神父は、その時が来れば皆が一番良いと思うものであれば何でも良いと言っていました。ドン・アルバロは創立者が長年、「ホセマリア、罪人」と署名していたのを知っていました。しかし、この言葉を墓石に刻印することなどできないと思っていました。"El Padre"「パドレ（父）」とだけ書くことに決めました。

ドン・アルバロは、取り掛からなければならないすべての事柄と心の中の悲しみで、きちんと考えるのが難しかったにもかかわらず、エスクリバー神父の帰天から三日以内に創立者の死と葬儀について詳しく述べたおよそ六千語にものぼる手紙をオプス・デイのすべてのメンバー宛てに書きました。謙遜の重要性を強調し、「創立者の取次ぎの祈りを通して、これまで以上に、自分の姿を消して他人を優先し、手順よく従おうとする聖なる渇望のお恵みを与えてくださるように神に祈りましょう」と促しました。「（生活規定の）一つひとつを神とのより親密な出会いに換えていく」という願いが刻み込まれた堅実で敬虔さを伴う生活でなければならないと彼らに念を押しました。彼はおそらくエスクリバー神父の帰天で、誰よりも深く心を痛めていたに違いありませんが、エチェバリーア司教が後になって書いているように、「歯をくいしばり、驚くべき平穏さで皆を支えながら」他の人々を助けることに全力を注いでいました。ドン・アルバロの伝記を書いたポルトガル人の作家は、彼のメンバーへ宛てた手紙について、「笑顔と寡黙の人、ドン・アルバロは心の中に抱いていたことをすべてその手紙に注ぎ込みました。今は亡き創立者の思いを解釈し、彼の名前でそれを語ることにためらいはありませんでした」と述べています。

## 総長の選出

事務局長としてドン・アルバロは、創立者の後継者を選出する選挙までの間、自ずとオプス・デイの先頭に立ちました。エスクリバー神父は彼の死後に混乱が起きることを望んでいませんでした。宗教団体ではこのような状況においては、往々にして事実上の深い痛手を被《こうむ》ることが多かったのですが、オプス・デイにおいてはそのようなことは全くありませんでした。そのうえ、夏の間に多くの地域で予定されていた形成のための活動日程を狂わすことを避けたいという思いもあり、ドン・アルバロは選挙総会の開催日を九月十四日に設定しました。

何十年も前からエスクリバー神父は、ドン・アルバロを自身の後継者として認め、そのために念入りに教え込んできたことは明らかでした。帰天のわずか二日前にも、エスクリバー神父は、ドン・アルバロを指差しながら、モンセニョール・アロンソに向かって、「私の息子よ、もしお前が愚か者でないのなら、私が死んだ時には、そこにいるあなた方の兄弟に従いなさい」と言ったのです。それでもドン・アルバロは選出されることを当然の結果とは考えていませんでした。

選挙総会開催に当たっての聖霊のミサでの説教において、彼は再び謙遜の重要性を説きました。「神の恵みは謙遜な魂の中に、きらめく光のように差し込みます。一方、高慢はその光を遮断し、魂を暗闇の中に置き去りにします」。再度、創立者の精神に忠実であるようにと呼びかけた後、彼は「私たちが忠実でないのなら、むしろ千回死んだ方がましです」と結びました。

ある時、夕食が給仕されるのを待つ間、彼とちょっとしたおしゃべりをしていた時、一人が「私たちの創立者の時代」に起こったこと、と言いました。すかさず、ドン・アルバロは「我々はいつもパドレの時代にいるのですよ」と笑顔で正しました。

一九七五年九月十五日、当然のごとく総会は満場一致でドン・アルバロをエスクリバー神父の後継者として選出しました。彼は彼を選んだ投票者たちに、「皆さんが私を選んだのは、他の誰よりも多くの時間を私が創立者と共に過ごしてきたことを知っていたからであり、皆さんは、創立者の時代がずっと継続することを望んでいるからです。皆さんはアルバロ・デル・ポルティーリョに投票したのではなく、パドレを選んだのです」と語りました。選挙後、即座に彼はエスクリバー神父の墓に祈りに行きました。その時、そこにいたオプス・デイのメンバーたちは敬意を表して立ち上がりました。ドン・アルバロは、

「立ち上がらないでください」。そしてスペインの諺《ことわざ》を引用して「船長の前で船員は命令をしません。船長はそこにいるのです」と彼らに言いました。それから彼は跪き、墓石に口づけして言いました。「創立者こそが天国からオプス・デイを導く方であり、そして彼を継ぐ私たちは単なる創立者の道具にすぎず、それ以上の何ものでもないようにお願いしてください。パドレは、聖人でありながら、私たちに祈りを捧げるように求められたとすれば、聖人でも何でもない私にはどれほど多くの祈りが必要であるか皆さんは想像できるでしょう。皆さんは、そんな私のために祈るという、とても大きな義務を担っています。私には皆さん一人ひとりの祈りが本当に必要なのです」。

祈りを乞うことがドン・アルバロの生涯の中心テーマとなりました。何度も繰り返し、オプス・デイのメンバーだけでなく他の人にも、彼のために祈ることを懇願しました。例えば、オプス・デイの総長として、教皇パウロ六世との初めての謁見で、最初に自分のために祈ってくださいと、教皇に頼みました。「私は聖人の後継者です。そしてそれは容易なことではありません」と説明しました。それに対して教皇パウロ六世は「しかしその聖人が天国にいらっしゃる今は、彼がちゃんと面倒を見てくださるでしょう」と応えられたのです。

## 後継者の務め

誰がエスクリバー神父の後継者になろうと、オプス・デイを導き、メンバーの熱意と高潔な精神を奨励し、使徒職の優先順位を決め、そして何よりも、教会の中のこの小さな組織のパドレとなり、オプス・デイ本来の家族的な精神を維持する兄弟愛と親子の精神を培うという課題に直面することになります。

ドン・アルバロはそれらすべての課題に立ち向かい、さらに、創立者としてではなく、オプス・デイの長として道を見つけなければなりませんでした。数々の特別な責務にも直面しました。何よりも重要だったのは、創立者から委ねられていた、教会の法制度におけるオプス・デイの適切な位置づけの模索を完了させるということでした。第二バチカン公会議およびその後教皇パウロ六世が発布された教令のおかげで、オプス・デイに完璧に適う「属人区」というカテゴリーの存在が実現しました。しかし、ドン・アルバロが挑戦すべき課題は、その法律をオプス・デイに適用してもらえるように聖座を説得することであり、それは簡単なことではありませんでした。

エスクリバー神父はまた、長年にわたって、自分自身の霊的生活とオプス・デイの歩みにおける重要な出来事を書き留めた膨大な内的覚書（スペイン語ではApuntes intimosとして知られている）に注釈を加えるという大切な仕事を残していました。彼は、その文脈、彼らに起きた出来事、関わった人々などに説明を加えることによって、幾分わかりにくい点や曖昧な点を明確にしたいと考えていました。内的覚書の多くは注釈がなければ、将来読む者にとって理解しづらいものとなるであろうと思われたからです。しかし、エスクリバー神父はそれをやり終えることができず、常に行動を共にし、あらゆる事柄に精通しているドン・アルバロに続きを任せたのです。

それと関連した仕事に、エスクリバー神父が書いたけれども、最終的な形にもっていくことができなかった何冊もの本の出版を進めることがありました。ほとんどの原稿は、最終的な校正以上の編集は不必要でしたが、それにはかなりの時間を要しました。確かに他の人々も手伝うことはできたのですが、ドン・アルバロが唯一その作業を進める適任者でした。

最後に、ドン・アルバロは、最終的には創立者の列聖式につながる準備の少なくとも最初の一歩を踏み出さなければなりませんでした。何年もの間、エスクリバー神父のすぐ傍らで生活していたことで、彼は心の底から彼の聖性を確信していました。創立者は並外れた忠実さでオプス・デイの精神を生きたので、彼の列聖は、世間の真っ只中《まただなか》で聖性を求める方法として、教会がその精神を承認するという新しい公式な表明となることでしょう。

選出された直後、ドン・アルバロは深刻な健康上の問題に苦しみ始めました。イタリアの専門医は、進行した肝臓癌の兆候で、それはすぐに致命的なものとなると診断しました。しかし数年にわたり彼を診察してきたナバラ大学病院の三人の医者にセカンドオピニオンを求めたところ、彼は肝臓癌を患っているのではなく、長年、激しい頭痛のために服用している鎮痛剤の副作用によるものだと結論づけました。いったん彼がその薬の服用を止めると、身体は正常に戻りました。

医者の最初の診断はドン・アルバロにはっきりとは伝えられなかったのですが、内科医が告知していたことに気づいていました。神のみ旨を受け容れながらも、彼は創立者の帰天後、すぐに自分が死んでも、オプス・デイに何らかの問題を引き起こすことのないようにするには何をすべきか、ずっと考えていたと後になって述べました。

# 第十五章　祈りの人、そしてパドレ

ドン・アルバロがオプス・デイを率いた二十年間の活動は、数多くの要因が重なり合いましたが、特に注目に値する二つの側面は、彼の祈りの生活とメンバーのための「パドレ」としての責務でした。

## 祈りの人

一九七九年、ポーランドのチェンストホーヴァの聖母への巡礼中、ドン・アルバロは「私たちは祈り、祈り、そしてもっと祈るために来ました」と語りました。それは、巡礼中だけでなくオプス・デイの長を務めた期間中も、そして実に一生を通じて彼の生き方そのものでした。

オプス・デイの総長となるまでには、彼は祈りの人、エスクリバー神父の表現では、いわゆる「世間の真《ま》っ只中《ただなか》で観想的な霊魂」となるために四十年間にわたり努力し続けました。彼は人生の最期まで、新しい義務ゆえにさらに祈らなければならないという確信を持って、毎日、より大きな愛と配慮を注ぐ努力を続けながら、オプス・デイへの召し出しの最初に学んだ生活規定を実行しました。

## 聖体祭儀

ミサは内的生活の中心であり根源です。どんなに時間的に厳しくても、彼は毎日潜心してミサを挙げました。司牧旅行の日程を組む時でさえも、最優先することはミサのために十分な時間をとるようにすることでした。通常、彼のミサで仕えた司祭は、「非常に潜心して、ゆっくりと、神秘に吸い込まれるように」ミサを挙げたと描写しました。

ご聖体のイエスへの彼の愛は、度重なるご聖体訪問などいろいろな形で自然に現れていました。車で旅に出かけた時には、道すがら見える教会の聖櫃におられるイエスに祈り、同行の人にも、同じようにするように指さして目を向けさせました。晩年になって、加齢により、または腰部に問題が出てきてますます困難になっても妥協することなく、ゆっくりと注意深く跪いていました。共同司式でミサを挙げなければならない時、耳の感度に優れず、美声を持たないので、メロディを覚えるために懸命に練習しました。式の前日、彼は自分が歌わなければならない箇所を練習し、夜にはテープを聴いたりしました。本番になって調子はずれになったり、小節を飛ばしたりするかもしれないなどと心配することなく、ベストを尽くしていました。

習慣として、彼は二人の補佐の神父と共に声に出して『教会の祈り』の一部である詩編と朗読を唱えていました。通常、朝、第一部を祈り、残りは午後遅く祈りました。『教会の祈り』は彼が教会の典礼と深く一致するのに役立ち、また彼の個人の祈りと説教のテーマを提供しました。

## 念祷

ミサの前三十分間、オプス・デイの中央委員会のメンバーと一緒に聖櫃の前で念祷をしました。午後にも三十分間、念祷をしました。彼の一生を通してかなりの年数にわたって、さらに祈りの時間を持つために、朝の念祷が始まる時刻より三十分前には聖堂に着いていていました。

彼は、念祷について次のように述べています。「愛する人の会話、飽きたり気が散ったりするはずのない会話、待ちきれないほど待ち望み、そしてもっとイエスを知りたい、関係を深めたいと切望する、心と心の触れ合う会話、愛する霊魂の繊細さを持って行われる会話、そして主のためにのみ生きて働きたいという望みを新たにして終わる会話です」。聖ホセマリアが埋葬されている地下で彼が祈っている間、人々が出入りしますが、それすら彼は気づきません。イエスと静かに話していると彼は完全に心を奪われていました。

念祷の時間は、彼にとって一日のうちに何とか時間を作らなければならないといった重荷となるような義務ではなく、待ち望む主と聖母との約束の時間で、それに合わせて他の所用を調整していました。かと言って、それは毎日同じ時間に黙想できるようにこだわったということではありません。しかし彼はいつもの時間にすることを好み、何か重要な理由で変更が必要な場合には、後でするよりも早めに済ますようにしていました。いずれの場合にも中断や注意散漫になることなく、全力を注いで神と話せる時間帯と場所を探していました。

## 聖母と聖ヨセフ

ドン・アルバロの聖母マリアへの信心はさまざまな方法で自然に現れていました。おそらく最も際立ったのは、三年連続、オプス・デイでのマリア年を指定したことでしょう。初年は一九七八年、オプス・デイ創立五十周年の年でした。その年が終わるともう一年延長しました。それはオプス・デイの女子部が創立五十周年を迎えたからです。これら二年間のマリア年の霊的な成果を喜び、三年目を宣言、そして一九八〇年十二月三十一日に閉幕しました。

マリア年の間、教会におけるオプス・デイの適切な法的地位を見出すこと、創立者の列聖手続き、新しい国へのオプス・デイの使徒職活動の発展などの課題を特別に聖母マリアに託しました。彼の人生の流れの中で、これらの年は特別に切り離される出来事ではなく、それらの事柄がオプス・デイの息子たちや娘たちの時代の出来事になってしまわないことを望んでいました。「これらのマリア年は、神の恵みによって、この世におけるすべての時間と、その後は天国というすばらしい永遠において、聖母マリアの時となったという深遠な確信を私たちの霊魂に植えつけた」と記しています。

彼は聖ベルナルドの「聖母のご保護を求める祈り」、「元后あわれみの母」、とりわけ「ロザリオ」などの伝統的な祈りをしばしば唱えて聖母マリアに祈りました。彼は毎日「お告げの祈り」と「ロザリオ」を十五連唱え、車で長距離の旅に出かける時は、さらにもっと唱えました。中央委員会の人と参加する月一回の黙想会で「ロザリオ」を声に出して唱える時は、眠気がささないように座ってではなく立ったままで唱えました。オプス・デイが属人区になる前の何年間かは、ローマにいる間は、聖母マリアに捧げられた教会を少なくとも一ヵ所は毎週訪問し、行く途中、教会で、帰り道にそれぞれロザリオの神秘を一環ずつ唱えたものです。

オプス・デイを属人区として設置するという教皇ヨハネ・パウロ二世の決定に感謝して、メキシコシティのグアダルーペの聖母に巡礼に出かけました。そこではご像の前で毎日何時間も祈り、聖母に九日間の祈りを捧げました。九日間の祈りの終わりに次のように話しました。「彼女の顔は完全に飾り気がなくシンプルです。彼女の表情は優しく、謙遜で、純粋で、正直な表情です。慈悲に満ちた愛の表情ですが、同時に苦しみの表情でもあります。かわいそうなファン・ディエゴに誰一人注意を向けないのを見て、悲しまれ、慈しみと愛の心で彼を見つめておられるのだと思います。私はあなた方の罪と私の罪を思い起こしましたが、聖母マリアは偉大なる愛を込めて、また時には悲しみも込めて私たちを見つめていらっしゃると気づいたのです。なぜならば彼女は私たちの母でもあるからです。天におられるお母さまを悲しませることのないようにしましょう」。

時々、ミサを「深いマリア信心」と言及するほど、彼にとって、聖母マリアへの愛はご聖体と密接な関係がありました。カルワリオにおける聖母の姿が再現されるミサの中での聖母の存在を認識していました。オプス・デイ属人区長教会に建設した聖堂に安置された聖櫃の内側は、聖母のメダイで装飾されています。その目的で、彼は各国の子どもたちに、各々の国で特別な信心がある聖母のメダイを送ってくれるようにと頼んだのです。

聖母マリアへの愛は、信仰心の単なる一つの現れとしてではなく、彼の人生の縮図と言えます。彼はマリア様の信仰、謙遜、奉仕の精神、イエスが行ったことや話したことのすべてを心に留めておく習慣を真似たのです。晩年になってからも、聖母への愛は深まり続けました。例えば一九八三年に聖母は私たちの母でもあるという事実に、彼は新しい意味合いを発見しました。彼女は彼の母でもあり、同時にイエスの母でもあるのです。「今、まるで二人の兄弟が母親について語っているようだ」と述べました。

彼は聖ヨセフも深く信奉していました。エスクリバー神父のラテンアメリカへの司牧旅行中、創立者は、その頃未亡人になった婦人に、聖ヨセフのご像を自宅に飾って、家族の長として振る舞うことを頼むように勧めましたが、ドン・アルバロ自身も明らかにその助言を守っていたようで、彼が選出された直後、通常、夕方三十分ほど中央委員会のメンバーと団らんをする居間に、聖ヨセフのご像を置くようにと依頼しました。彼は自分自身の中に霊的幼児の概念を培ったのです。ある時、彼は「パドレの足跡を追って、私は日増しに聖母マリアの腕の中に、聖ヨセフの腕の中に、イエスに近い所に自分自身を見出せるように少しでも小さくなりたい」と言いました。ナイジェリアの熱心な青年グループとの団らんで、「私は神を愛しており、愛はいつも若いので、私も若いですよ。決して年をとることはありません。私は七十五歳ですが、あなた方より若いんです」と語りました。

## 犠牲の精神

彼は「毎日十字架を担いなさい」というキリストの招きに寛大に応えていました。エスクリバー神父の射祷「喜びのうちに一日として十字架のなき日はなく」は、彼の人生の現実そのものでした。それは苦行帯や鞭打ちなどの伝統的なキリスト信者の苦行の実行によっても表されますが、仕事、自分の果たすべきことを、愛を持って果たし、他人や教会のニーズや懸念を重視して、病気に耐えて明るく、ユーモアを交えて人と接しました。

主治医は、ドン・アルバロについて「健康に関することは、驚くほど神のみ手にすべてを委ねていました。効果的に仕事ができるように健康であることを望んでいましたが、同時に病気を父なる神からの抱擁と理解して、楽観的に喜んで制限や痛みを受け容れていました」と述べました。晩年には、眠れないことがしばしばありましたが、時間どおりに起床して一日の仕事を果たして、一日の終わりには疲れ切っていることがしばしばありましたが、それでも笑顔を絶やさなかったのです。

一九九三年六月、帰天する九ヵ月前の叙階四十九周年の記念日に、健康、さらに命への懸念からの特有な離脱の心で、近づいてくる叙階金祝について簡単に触れました。「まだ一年あります。その間にはいろいろなことが起こるかもしれません。私は、一日一日、毎分ごとに、主に忠実でいられるように助けを求めています。もしもその日が来れば……、そのように自分の叙階記念の準備をします。もしそうでなければ、天国で祝います。神がお望みのところで。行ってしまうのはもっと楽です。あまりに楽すぎます。私は主が望まれることを望みます」。

これは一時的な感傷ではありませんでした。毎晩、眠りにつく前に、「『あなたがお望みの時、お望みの場所で、お望みどおりに』、死ぬ準備ができています」と主に語りかけていました。時々この祈りで多少心配になることもあったのですが、時には「あなたの手中にあるという条件で」と付け加えて、繰り返すのでした。一九七五年初旬「もしもお望みならば、今すぐに、でも完全な痛悔の祈りをして、可能ならば病者の塗油の秘跡を受けて」と付け加えていました。

彼は、例えば、しばらくの間、椅子の背もたれによりかからないで座るとか、暑い日に水を飲むのを少し待つなどの小さな節制を実行していました。エスクリバー神父の助言に従って他人の生活をより快いものとするために、自分の好みや関心事を抑える努力をしていました。若い頃から、彼は海が大好きでした。しかしある夏の日、海岸近くでのある家族的な団らんの席で、他人のために眺めの良い方の椅子を残して、海岸とは反対側が見える椅子を選びました。海は別として、彼は田舎への遠足にはほとんど興味がありませんでしたが、景勝地を訪れるのが好きなメンバーが訪問していた時は、休日、家にいて読書をしたくても、「付き合うために」、ドン・アルバロはローマ郊外の景勝地に招待したものです。

## 神のみ前で生きる

念祷、ミサ、「教会の祈り」、ロザリオ、さらに霊的読書や良心の糾明などの信心の業は、一日のうちのかなりの時間をとられましたが、祈りのために予定していた時間のみに祈るなどとは限定しませんでした。これらは、むしろ彼の一日を神との会話に換えるために必要な手段だったのです。晩年になっても、彼は一日中、主や聖母マリアに度々心を向け、助けを求めたり、感謝したり、賛美したり、ゆるしを求めたりして、神の現存の意識を培い続けました。彼の誕生日や重要な記念日には、例えば「ありがとうございます。おゆるしください。もっとお助けください」といった簡単な射祷を唱えるのが習慣でした。

仕事中、神の現存を思い起こすために、机の上にはいくつかのご絵やマリア像を置き、それらを毎日、置き換えていました。エスクリバー神父の提案に従い、一週間の各曜日を特定の信心、つまり日曜日は聖三位一体、月曜日は煉獄の霊魂、火曜日は守護の天使、水曜日は聖ヨセフ、木曜日はご聖体、金曜日は聖なる十字架、土曜日は聖母マリアに捧げていました。

時の経過とともに、神の現存を愛を持って自覚する習慣を身につけるようになっていきました。彼の伝記を最初に書いた著者が述べているように、彼は「まわりの人に常に関心を示し、同時に神と神に関わることに浸りきっていました。オプス・デイの創立者の言葉を借りれば、彼は実に天上と地上にいたのです。彼は世間の活動の真っ只中《まただなか》で観想生活を送っていました」。

オーストラリアのエドワード・カシディ枢機卿が述べたように、神の現存の意識は彼の特徴的な平和と落ち着きの源でした。スペインのオプス・デイの地域代理は、彼がローマに行った時、度々夕刻遅くにドン・アルバロと会い、時々難しい面倒な問題について話し合ったと回想しています。しかし会話を終わらせ、中央委員会の他のメンバーとの家族の団らんに参加すると、ドン・アルバロは、まるで世間のことを何ら気にかけてもいないように直ちに笑顔で気軽な会話に入っていました。

彼の祈りと犠牲の深い内的生活は、その他日常のさまざまな出来事に反映されていました。普段の会話は「神に感謝」、「神は本当にすばらしい！」、「神の祝福がありますように！」などといった言葉で終わりました。これらは決して単なる口癖ではなく、真実味があり、自然に出てくる祈りでした。会話も教えも楽観的で快活な口調でした。神の助けでどんなことでも変わり得る、聖性とはユートピアではない、そして世の事柄には常に試練があるけれどキリストがまさに十字架を通して勝利を勝ち取られるという希望を伝えました。ある時、次のようにコメントしました。「私たちが困難や誤解で悩むのは良いことです。なぜならば、それは私たちの意図を常に正しい方向に導いてくれるからです」。

彼自身の祈りの内的生活と犠牲によって、彼に耳を傾ける人がキリストを発見し、キリストの子どもであるという真理を喜び、聖母マリアのご保護によって、より祈りが深くなり、神に近づこうとする努力は、主に自分の努力によるのではなく、秘跡から得られる恩恵によるものだと理解させるように努めました。

## 息子や娘たちのパドレ

ドン・アルバロがオプス・デイを導く根本的な二番目の要因は、オプス・デイのメンバーにとって彼は父であったことです。それ自体を家族というのはオプス・デイだけではありませんが、その生活の中で、家族的な精神というのは著しく重要な役割を果たします。神の子という感覚がその精神の基礎を成します。メンバーが「パドレ」と呼ぶオプス・デイの長の息子や娘であるという感覚は、彼らの生活の中で重要な一部をなし、兄弟姉妹という強い連帯感を推進しています。全体として、また個々のメンバーに対してオプス・デイのパドレであるということは、ある意味でオプス・デイの長としての最も重要な仕事であり、それがすべてに影響するのです。

エスクリバー神父は創立者であると同時にパドレでもありました。ヘランツ枢機卿の言葉を借りれば、ドン・アルバロは創立者ではなくパドレになるという課題に「力強く生き生きとした忠実さ」で挑みました。彼は主たる仕事として神がエスクリバー神父に与えられた精神を守り、伝えることと理解しましたが、エスクリバー神父が述べたことを単に機械的に繰り返すだけではないと確信していました。生き生きとした忠実さとは、新しい状況や挑戦に、創立者ならば、そのように行ったであろうと思われるように対応し、また多様性溢れる状況で世界中のオプス・デイのメンバーも同様にするように助けることでした。

エスクリバー神父は並外れた特別に温かみのある人でした。深い内的生活と驚くほど神の現存を保って生きていましたが、愛する力は大きく、愛がほとばしり出るような外向的な人でした。彼は霊的なメッセージだけでなく、温かみと親愛の情の豊かさでオプス・デイの男女の信奉と親愛の情を勝ち得ていました。ドン・アルバロもまた思いやりのある広い心の持ち主でしたが、エスクリバー神父とは違い、静かで控えめで、その気質に合った父らしい姿を表現する方法を見出さなければなりませんでした。彼の愛情と心配りは、寛大な祈りと罪の償い、控えめな素振り、オプス・デイの精神を伝達する努力など大小さまざまな形でうかがえました。「私は、創立者のパドレと、あなたたちのことを考えるために生きています。どうすればパドレにもっと忠実になれるのか、どうすればあなたたちが聖人になれるよう助けることができるのかということを考えるためにのみ生きています」と言うことができたほどです。

まわりの人の生活をより快いものとするために、喜んで自己を抑え、他人に尽くしました。古い田舎の家で数週間過ごしたある時、医師の勧めに従って早朝入浴すると、他の人が髭剃りに使うお湯がなくなってしまうことがわかりました。そこで他の人がお湯を使えるように直ちに入浴する時間を変えました。オプス・デイの七万五千人以上のメンバーに個人的に誕生祝いや記念日のお祝いの挨拶を送るのは問題外ですが、必ず身近にいる協働者の誕生日を覚えていて、彼らがローマにいなければ手紙を書いていました。常に聖性が彼のテーマであり、一九八五年に、あるメンバーの誕生日に次のように記しました。「お恵みに対するあなたの忍耐強い応えによって、主があなたを聖なる者としてくださいますように」。

## 病人への思いやり

ドン・アルバロは苦しんでいる人々に特に細やかに気を配り、注意を払っていました。「心から愛する子よ、私の苦しみではないあなただけの苦しみというものはありません」。ある時、ドン・アルバロが仕事に没頭している午後の時間帯に、母親の葬儀に参列した一人の息子が帰ってきました。その時、きっと彼のなぐさめになるだろうと思い、単にお悔やみの言葉を述べるだけでなく、母親の最後の日々のことを詳しく尋ねたのです。

オプス・デイが属人区としての認可を得るプロセスの最終段階の間、ドン・アルバロは大変なプレッシャーを感じていましたが、例えば、訪問してきたメンバーの父親が病気であることを忘れず、容態を尋ねそこなうことなどありませんでした。また、中央委員会のメンバーの母親が脳腫瘍の手術を受けましたが、ドン・アルバロは度々回復状況を尋ねた上、彼女のために祈っていると付け加えていました。

ドン・アルバロはできる限り病気を患っているメンバーを見舞いました。例えばマドリードからパンプロナまでの旅の途中、交通事故でひどい火傷を負った若い女性を訪問するためにサラゴサに立ち寄りました。何年か後、彼女は新聞記事に寄稿しました。「人生で前向きに考えるのが難しいことも時にはあります。事故によって人生が突然変わってしまった時などがその一例です。とても理解し難いかもしれませんが、『痛みは神の愛撫なのです』とパドレに言われました。文字どおりそう言われました。あまりに強い確信を持って言われましたので、私は彼の高み、つまり彼の信仰のレベルにまで引き上げられました」。

また事故の後に全身麻痺が残った若い司祭を見舞ったことがあります。その司祭は「驚くほどの優しさ、普通ではない特別な何か……」に感動し、次のように述べました。「身体的に不自由でも私の人生をいかに有効に送ることができるか、そしてどうあるべきかについて考えさせられました。何よりも印象に残ったことは、パドレに愛されていると深く心に刻み込まれたことです」。

一九八八年、ワシントンで、何年も前に事故で片足を失い、加齢で衰弱したオプス・デイの最古参のメンバーの一人を訪問しました。神に信頼をおくように励ますとともに、彼が若い頃に好きだったと聞いていたポピュラーソングを歌って欲しいと頼みました。

また訪問できない時には手紙を書きました。死に瀕していた日本のオプス・デイの最初のメンバーの一人に長い手紙をしたためました。その一部を紹介します。「私は、パドレの取次ぎによって、もしも神様のみ旨ならばあなたの健康を取り戻してくださるようにと常にあなたを主に委ねます。深い信仰を持って、またパドレの取次ぎによって、それをお願いしてください。パドレに私がそうするようにと言ったと伝えてください。お願いするのをあきらめないことです……神とオプス・デイのために働きたいという偉大な望みを込めて、神を信じているべきです。同時に、聖母が、母としてあなたを見つめ、微笑まれ、主にお会いできる天国にあなたの霊魂を連れて行かれる瞬間について考え、喜びに満ちていてください。癒されるように頼んでください。でも神が望まれることをすべて喜んで受け容れてください。このような方法で病気に耐えることによって、あなたはオプス・デイの宝となるということを覚えておいてください。その宝の一部を私に分けてくださいますか？ あなたが羨ましいです。あなたの父アルバロはあなたを思い出し、あなたのために祈ります。すべての愛を込めてあなたを抱きしめ、祝福します。あなたのお母さまとご兄弟に、私は皆さんと一致しているとお伝えください」。病人のために祈ったり見舞ったりする他、彼らが十分な配慮を受けているかどうかを確認しました。オプス・デイのセンターに住む独身のメンバーの場合、それが難しく思えても、ナーシングホームの方がより良い世話ができるように思えても、できる限りセンターで世話をするように励ましました。

アイルランドの初期の頃からのメンバーが白血病と診断された時、専門医は彼の死は迫っていると診断しました。しかしアルバロはあきらめることなく、ナバラ大学のクリニックで別の医師のセカンドオピニオンを求めるように提案し、その結果、医師たちはその人の命を三年半延長することができました。

ローマで生活しているオプス・デイのヌメラリーが心臓発作から回復しつつある時、ドン・アルバロは猛暑が到来することを耳にしました。彼女が住んでいたセンターにはエアコンがなかったため、しばらくの間、涼しい所で過ごすようにと提案しました。

## 苦難にある時の支え

ドン・アルバロは、危機や特別な問題のある時にも愛を注ぎ支援しました。オプス・デイが属人区として承認された直後、あるドイツの情報発信会社が九局のテレビ局や十三のラジオ局を通してオプス・デイを危険な宗教団体の秘密結社として描いた番組を報道しました。その番組によると、オプス・デイは武器の密輸すら行っていると述べたのです。同時に、オプス・デイの活動に関わっている若者の両親へは、子どもたちが危険にさらされているといった警告のパンフレットを匿名で送りました。ドン・アルバロはそういった困難な時期にドイツの息子たちや娘たちを支え、手紙を書くだけでなく度々ドイツを訪れ、決して怖気づくことなく、使徒職に倍の努力をするように励ましました。

攻撃された時のエスクリバー神父の典型的な対応は、黙し、祈り、微笑み、働き続けることでしたが、これらの新しい中傷はあまりに悪質で、拡大していたので、ドン・アルバロはドイツ司教協議会会長ホフナー枢機卿の助言に従い、法的措置に訴えることを決断しました。二度行われた別々の裁判で、ドイツ裁判所はその攻撃は基本的人権を侵害するとして、オプス・デイに有利な判決を下しました。放送局は、正式に報道の撤回を強いられました。それにもかかわらず、ドイツでの雰囲気はしばらくの間、偏見が残り、ドン・アルバロは特にドイツのオプス・デイのメンバーと密接に連絡を取り続けました。

ドイツでの攻撃は、クー・クラックス・クランの儀式の写真と宗教裁判と中世の拷問の彫刻のイラスト入りの本にあおられて、オーストリアへも影響が及びました。ウィーンのハイスクール付きのオプス・デイの司祭が、生徒に貞潔の誓願を立てるように強要し、彼らが霊に憑りつかれるかどうか（見るために）聖水を飲ませたとして、非難されました。教皇ヨハネ・パウロ二世に対するオーストリアの批判者は、オプス・デイの司祭がオーストリア教区の司教に任命されるということがわかるとオプス・デイへの攻撃が激しくなりました。こういった試練の時には、ドン・アルバロは特にオーストリアの息子たちや娘たちと密接に連絡をとり、十五回訪問し、しばしば手紙を書いていました。とりわけ、自分たちの間でも、この中傷については話さないように、そうでなければ愛徳に欠け、使徒職の妨げになってしまうと話しました。

オプス・デイが始まったばかりで、わずかのメンバーが著しい困難に直面しているような国に特別の配慮をしていました。一九八九年、カメルーンにあるオプス・デイの唯一のセンターを訪問し、「子どもたちよ、あなた方は今、始めたばかりです。あなた方は主が蒔かれた種であって、この土地で神を愛する多くの霊魂が芽生えるように、姿を消さなければならないのです。夢を持ってください。そうすれば現実はあなた方の夢を超えるでしょう。植物は芽を出し始め、成長します……困難があるでしょうか？ 避けられません。神は常に十字架で祝福なさいます。しかし個人的な困難または集団としての困難とともに、私たちはそれらを克服する神の恵みをいただきます。そして『主よ、ここにおります。あなたがお呼びになりましたので！』と歓喜の声をあげるでしょう」。

## 娘たちや息子たちの形成

ドン・アルバロは、晩年に至るまで創立者の精神を息子たちや娘たちに伝える努力をしました。朝の三十分の念祷の時にしばしば中央委員会のメンバーに説教をしました。また、毎週、オプス・デイの精神について実際的なクラスも指導しました。

オプス・デイのメンバーを形成することについての気配りは、側近の人についてだけではありませんでした。属人区長として選ばれた直後の二～三週間以内に、すべてのメンバーに宛てた比較的短めの手紙ともう一通の長い手紙を書き、創立者から受け継いだ精神に忠実であるように強調し、祈りを求めました。その後、度々すべてのメンバーにメッセージを送りました。時には降誕祭の挨拶、ある時には創立者の列福調査開始のような出来事を知らせたり、エスクリバー神父の帰天の記念日やオプス・デイの歴史上の出来事について述べたりしました。短い手紙もあれば、創立者の列福に関して書いた手紙、ロザリオの神秘についての黙想など創立者の精神への忠実について書かれた手紙は、印刷すると百ページ近くになるものもありました。聖十字架司祭会の創立五十周年の手紙はさらに長く、オプス・デイの召命の二つの基本的な特徴である司祭的魂と在俗性について詳細な考察を記しています。エスクリバー神父帰天後の最初の十年間は、ドン・アルバロからメンバーに宛てた書簡は、通常、特別な出来事がきっかけとなっていました。しかしながら一九八四年二月以降、彼は毎月一日付けで書簡を書き始めました。それらの書簡は、行間は一行で、通常四ページにわたり、間近に迫る教会の祝日やオプス・デイの歴史における記念日についての黙想が盛り込まれていました。目的はメンバーが内的生活を深め、使徒職の活動を改善するためでした。その手紙は必ず、最後に彼自身とその意向のために祈りを乞うものでした。例えば一九八四年三月には次のように書きました。「神のみ前で、私は何も持たない貧しい人間のように思えます。あなたが、私と私の意向のために毎日祈るという慈悲を取り去らないようにお願いします」。一九七五年から一九九四年の帰天までの間に、ドン・アルバロは、合計千五百ページに及ぶ百七十六通の司牧書簡をしたためました。

司牧書簡は、消費主義、快楽主義、相対主義がはびこっている時代に、キリスト者として真剣に生きようとする人々が直面し、挑戦する課題に対する認識について触れていました。一九八五年の書簡で次のように述べています。「快楽主義、あらゆる類の快楽を無制限に求める傾向が貧富の差を問わず、老若男女を問わず、全世界の子どもたちの間にまで浸透しています。神の恩恵によって、私たちは剛毅と節制、この世の物の使用に際しては質素に、飲食においては節度を持って、きっぱりと物惜しみなく、仲間、友人、親戚の人たちに証をしなければなりません。召命の真正さと教会への奉仕の現実は危機に瀕しています」。

こういった内容について、特にテレビを見る時間が長すぎることについて触れています。「これまでずっと言い続けてきましたし、今後もそうしますが、テレビはどんな番組を見るか良く選ぶ必要があります。多くの人が感じているようにまるでテレビ依存症のような状態を克服しなければなりません。仕事を聖化すべき人にとって、毎日テレビの番組を見て神様の時間を無駄にするのは馬鹿げたことです。自分自身の好みを抑えて、一般的な習慣だといった偽りの、人を迷わすような詭弁でもって容易に正当化する誘惑に陥りがちなことを主に捧げて、もう一つ小さな節欲を捧げてみてはどうでしょう」。

特にキリストのメッセージを伝えることがまるで狂信的行為として捉えられるような所では、使徒職における剛毅と大胆さの必要性を強調しました。「一部の人が離れていくからという理由で、あなたは人に要求することを恐れています。人が離れていくのは仕方がないことですが、だからと言って何も要求しなければ、何も達成することはできません」。

そして、最も強調したのは、愛徳、隣人愛でした。帰天する少し前、次のように書いています。「毎日、お互いにもっと愛するように。お互いに仕え合うことが嫌になってしまわないように。常に他人のことを考えているという心理的偏見を持てるようになるまでお互いに人のために命を捧げるように。この人は何を必要としているのか？　何に関心があるのか？　何が好きなのか？　家庭的な温かさが少しでも冷淡になってしまうのを見逃してしまうわけにはいきません」。

# 第十六章　オプス・デイと教会に仕える

ドン・アルバロの在任期間は、教会それ自体が、困難な時期にありました。あちこちで組織的に病み、収縮し、しばしば論争が絶えない時期でした。しかしながら好ましくない環境にあってさえ、オプス・デイは人数も、地理的にも、使徒職活動の範囲も拡大し続けました。

## 発展と拡大

オプス・デイは創立者の帰天からドン・アルバロの帰天までの間に、メンバーの数は六万人から七万八千人まで増加しました。同時期に八百人ほどのメンバーが叙階され、人数の増加は地理的な拡大も伴いました。ドン・アルバロがエスクリバー神父を引き継いだ時点で、オプス・デイのセンターは、ほとんどの西ヨーロッパ各国、南北アメリカだけでなく、オーストラリア、そして少数ながらアフリカやアジアの三十二ヵ国に開設されていました。ドン・アルバロが統治した十九年間に、ボリビア（一九七八年）、ホンジュラス、ザイール（現在コンゴ共和国）、コートジボワール（一九八〇年)、香港(一九八一年)、シンガポール(一九八二年)、トリニダード・トバゴ(一九八三年)、スウェーデン(一九八四年)、台湾(一九八五年)、フィンランド(一九八七年)、カメルーン、ドミニカ共和国(一九八八年)、マカオ、ニュージーランド、ポーランド(一九八九年)、チェコスロヴァキア、ハンガリー(一九九〇年)、ニカラグア(一九九二年)、イスラエルとインド(一九九三年)と新しく二十ヵ国の国々で安定した使徒職活動を展開しました。

ドン・アルバロが帰天した時、リトアニアへの進出も準備中でした。何年かにわたりアメリカのオプス・デイのメンバーがリトアニアで、英語研修サマーキャンプを主催していました。このような形でオプス・デイを知った多数の親たちが、一九九四年の秋に移り住み始めた最初のメンバーを歓迎したのです。この国におけるオプス・デイの使徒職開始のために祈ることを思い出すために、ドン・アルバロは、リトアニアで最も崇敬されている聖母である「暁の聖母」のご絵を机の上に飾っていました。教皇ヨハネ・パウロ二世の強い要望でカザフスタンにもオプス・デイ進出の基礎固めを開始していました。

ドン・アルバロはこのように地理的拡大に積極的でした。時には、人もお金も欠乏しているのでもっとペースを落とすようにと勧める人もいましたが、彼の熱意と決意でひたすら邁進《まいしん》していったのです。

新しい国への進出は、まず近隣諸国のメンバーが訪問して人々と会い、地元の司教の許可を得て、一日の黙想会や長期黙想会やその他の形成の活動を行うことから始めました。一人とか二人の既婚者のメンバーが仕事の関係で、すでにその地に住んでいる場合が多かったようです。

最初のセンターを開設する時期が来ると、ドン・アルバロは六人くらいの人——司祭と信徒——にその地に住むように呼びかけました。外国人の小グループを作って孤立しないように、出身国を異にする人々で構成されました。エスクリバー神父の方針に従って、ドン・アルバロは新しい環境へ素早く順応するように勧め、言語を学び、習慣を自分のものとし、とりわけ自分自身が外国人としてではなく、現地の新しい住民だと考えるようにと勧めました。

新しい国へ出発する直前の三~四日、彼らをローマへ招きました。滞在している間、一人ひとりと話し、団らんで一緒に時を過ごし、説教もしました。しばしば困難な事態に直面することになるのですが、このように彼の信仰と楽観主義に触れることが、困難な事態への準備の一部となりました。

## 統治のスタイル

ドン・アルバロは、まずはオプス・デイの総長として、後には属人区長として、いわゆるエスクリバー神父が常々「教会の小さな一部」と表現していた、実際にはかなり大きな国際的組織を率いていました。彼が関わったさまざまな仕事のうちでも、オプス・デイの精神の大きな枠組みの中で、メンバーにその精神を伝え、変化する状況の中でその精神を解釈、適用し、メンバー同士の兄弟関係という要素およびメンバーとパドレとしての彼自身との父子関係といった二つの関係を維持しながら、大家族的な雰囲気を築き保ちつつ、全体的な方向性と目標を設定することが最も重要でした。さらに特定の使徒職への人的資源や財源の配分、どのメンバーを司祭への召命に招くかなど具体的な事柄についても決裁しなければなりませんでした。

エスクリバー神父は、オプス・デイでは結論を出す前に、数人がそれに関して調査すべきだという方針を確立していました。ドン・アルバロは、この規則を守り、意志決定する前に他人の助言を求めていました。一緒に仕事をしたある人は次のように述懐しました。「彼の人を受け容れる姿勢のゆえに、誰一人、体裁を気にせず、間違えることを恐れずに、率直に自分の意見や疑問あるいは質問を述べることができました。彼は自分の意見にこだわることもありませんでした。必要な場合には、修正することを知っていました。まわりに信頼と自由という雰囲気を生み出しました。しかし何よりも真の司牧者の典型と言えるのですが、それぞれの霊魂に愛と親密さを注いでオプス・デイを統治しました」。

同時に必要な場合には、躊躇なく正し、戒めました。例えば、もしある地域からの質問や要望に対する回答が必要以上に遅れた場合、責任者は次のように問われたものです。「事務処理を忘れてしまうようなことがあってはならない。返事をしないという『管理上の沈黙』ほどがっかりさせるものはない」。しかし声を張り上げることなく、友好的な雰囲気で配慮しながら注意するのでした。いったんそう述べるとそれについては忘れ、以前と同様に信頼と愛情を示しました。

ある家庭の父親が、子育てにおいて強さと愛情をどのようにうまく組み合わせれば良いかと質問したことがあります。その回答は、彼の統治の仕方を表していたように思えます。「ただ顔に微笑みを浮かべていなさい。正すべき時には、しかめ面をしないことです。言うべきことを、笑顔で言いなさい。そして後は気にしないことです。あなたが本当に愛しているとわかっている場合、どんなことでも、どんなに痛ましいことでも言えるのです」。また共に働く人に次のように実践するように言いました。「人と接する際にパドレが要求されていた愛情と尊重と優しさを持って、しかし同時に本当に強く要求することです。白黒を明確にしなければなりません。そうでなければ私たちは義務を遂行することはできません」。彼は穏やかな協力という雰囲気を作りました。「非常に組織力があり、チームワークを刺激する特別な能力を備えていました。忍耐強い執拗さを持ち、まわりに冷静でかつ集中的に取り組む雰囲気を生み出しました。彼と一緒に仕事をしていると、動揺して努力を無駄にすることなく、非常な冷静さでもって、仕事を早く進めることができました」とある協働者は回想しています。

## 書類の背後に人の霊魂を見る

簡単な打ち合わせを何回かして調査し、ほとんどの事柄を書面で調べ、答えを出すというエスクリバー神父の習慣に倣い、ドン・アルバロは、諸問題について、書面による陳述、中央委員会のメンバーが勧める解決案、中央委員会の他のスタッフによる意見、そして最終的な推奨案が書かれた書類を、何時間も、検討しました。

これらすべてが書類上の仕事であるにもかかわらず、常にその決定によって影響を受ける人々のことを重視しました。各質問に対し、直面しているのは、その問題だけであるかのようにデリケートに扱いました。ある時、次のように語ったことがあります。「毎日、私は山のような書類を受け取ります。私はざっと目を通すことはしません。神のみ前で、できる限り正しい決断をするようにして、時間をかけてすべてを研究します。なぜならばパドレから度々教えられたように、書類の背後には霊魂が存在するからです」。

ドン・アルバロはどんなに仕事量が膨大であっても不平をこぼすことはありませんでした。しかしエスクリバー神父の帰天前に完成し終えなかった何冊かの本を出版するまでに時間がかかり、『神の朋友』は一九七七年に、『十字架の道行』は一九八一年にそれぞれ出版されましたが、『拓』は一九八六年まで、

『鍛』は一九八七年まで出版されませんでした。さらにエスクリバー神父がドン・アルバロに頼んでいた Apuntes íntimos「内的覚書」と呼ばれるメモの注釈を完了するのに創立者の帰天後十年かかりました。多くの場合、背景を知っていたのはドン・アルバロのみでした。もしも注釈を完成しないで死を迎えるようなことがあれば、誰一人、同じように注釈を加えることができる人はいませんでした。ついに完成した時、「これでようやく肩の荷が下りた！ パドレからの頼みがずっと重くのしかかっていたけれど、何年もの間、ずっと完成することができなかった」と述べたのです。

### 使徒職活動

オプス・デイがすでに進出していた国では、ドン・アルバロはメンバーとディレクターに新しい地域で新しい種類の活動を通してできるだけ早く使徒職を進めるようにと促しました。例えば、教育とか医療や介護などに特化している多くの宗教団体とは異なり、オプス・デイはそれが何であろうと、人々が自分自身の置かれている社会的背景の中で、仕事を聖化するように助けることを求めます。しばしば、しかも多くの場合、友人、家族、同僚、隣人に使徒職をしながら、つまりキリスト教の精神を伝え広めながら社会的、教育的、文化的問題に取り組む組織を作り、運営することに他の人々を参加させるという意味なのです。オプス・デイがそこで提供されるキリスト教的な形成の責任をとる場合もあり、そのような組織は「共同の使徒職」として知られています。しかしながらほとんどの活動は、単なる個人的な取り組みです。ドン・アルバロはメンバーが組織的な使徒職活動および個人的活動のいずれであっても、活動を始めるにあたり創造的な主導権をとることを奨励しました。

## 社会事業

ドン・アルバロは特に貧困と苦難を軽減する目的で企画された活動を重要視しました。一九八一年に次のように述べています。「私たちは苦しむ人、病気の人、貧しい人、孤独な人、すべての人から見放された人々に近づかなければなりません」。さらに続け、「彼らの中に『私たちをより一生懸命に働くようにさせる豊かさ、神をもっと深く愛するようにさせ、自分の天職により強くなれるようにしてくれる宝、私たちを克服させてくれる私たちの強さと神の力』を見出すことができます」と述べました。

一九八三年のメキシコへの旅の間、大勢のオプス・デイのメンバーと協力者に向かって述べました。「子どもたちよ、この国のさまざまな地域を旅していて社会層の間で大きな格差があるのに気づきました。豊かすぎるほど富裕な人々と、貧しすぎるほど貧困にあえぐ人々を見ました。使徒聖ヨハネの教えを思い出し、皆さんに申し上げます。身近にいる隣人を愛さなければ、私たちは神を愛しているとは言えません」。彼は、ディレクターやオプス・デイのメンバーに社会問題を解決するために貢献できる新しい「共同の使徒職」を考案するようにと個人的に促しました。その翌年、グアダラハラにハラレス専門学校と、メキシコシティ北部、特に貧しい地域の青年労働者が学ぶことのできるセンター・オブ・テクニカル・インダストリアル・スタディーズ・アンド・フォーメーションが設立されました。

フィリピン訪問中にも同様に、彼は特にセブ市の貧困に驚き、オプス・デイのメンバーに青少年を助けるようにと促しました。数年のうちに、オプス・デイのメンバーと仲間がセブとマニラの最も貧しい人々が住む地域に技術研修学校を設立しました。

これらは特別な例ではありません。ドン・アルバロの支援と強い要請で、世界中にわたって、オプス

・デイのメンバーは多数の協力者や友人と共に、農業学校から、接客産業で働く女性のトレーニングを専門とする学校に至るまで、さまざまな社会奉仕のプロジェクトを開始しました。また間接的とは言え、貧しい人に仕えるための効果的な方法として、ドン・アルバロは、卒業生が技術力を備えるだけでなく、雇用の機会を生み出し、労働者の研修、公正価格で良質の品物を生産するなどして地域社会に仕えるように動機づけをすることができるビジネススクールの設立も奨励しました。

特定地域の特別なニーズに対応する社会的なプロジェクトも強調されました。例えばコンゴ民主共和国では一九八〇年代後半、ドン・アルバロは医療サービスのない首都郊外の貧困な地域に診療所の立案と開設に従事していたオプス・デイのメンバーを支持し奨励しました。一九八九年にキンシャサを訪問した際、司教協議会会長が、同国では質の良い医療ケアが欠如しており、ベルギーの社会保障制度と密接な連携があるため、修道者や司祭は比較的軽度の病気でも治療のためにベルギーに行くのが慣習となっていて、それは費用がかさみ、混乱を招くと話していました。オプス・デイのメンバーが建設している診療所を全面的に近代的な施設にして、すべての社会層の人々に良質なヘルスケアを提供して、ベルギーに行く必要性をなくすことができないかと問われました。オプス・デイはコンゴに進出して十年未満でもあり、その存在は小さなものでした。それにもかかわらずドン・アルバロはその提案を伝え、医師たちはその取り組みに挑戦しました。

キンシャサ郊外の最も貧困な地域の一つに、モンコールと呼ばれるウォークイン・クリニックを彼らが開設したのが始まりです。国家は壊滅的な内戦（一九九六年〜一九九七年と一九九八年〜二〇〇三年）で苦しみましたが、二〇一四年までにはモンコールは、新生児および小児科、エイズ治療部門、看護学校、在宅医療従事者のトレーニングセンターを持つ五十五床の病院に発展しました。そしてコンゴで最大かつ最も近代的な医療センターの一つとして、現在百五十床まで拡大の計画があります。

モンコールは、首都郊外の貧困地域の中心地にあり、そこでは低額の診察料で医療を提供し、さらに、貧困な他の三地域にも外来センターを設置しています。質の良い医療を提供しているため、貧しい患者だけでなく、外交官、外国企業や非営利団体の従業員、修道者や司祭なども集まってきます。これらの人々の医療費が、支払い不能な多くの患者に良質な医療を提供することを可能とすることができるような仕組みになっています。医療責任者はこれを「ロビンフッド制度」と称しています。

**教育**

教育はドン・アルバロにとってもう一つの優先課題でした。青少年に優れた教育を施すと同時に、彼らの親も良い親になり、良き市民となり、良きカトリック信者となることを望んでいました。それは多数の国において、両親もチームの一員として共に関わる新しい学校を設立するとか、既存の学校を発展させることでした。エスクリバー神父の主導に倣い、ドン・アルバロは、学校は、まず家庭、それから教師、そして最終的に生徒たちに重点を置くようにと主張しました。また学校は貧困家庭の子どもたちが入学できるように、上流家庭やそれに近い中流家庭から資金を集め、寛大に支援できる奨学金制度を導入するよう勧めました。

これらの多くの学校の中で、オプス・デイの共同の使徒職事業となっているものはわずかしかありませんが、オプス・デイの精神に端を発する、自由の尊重と、学業に励むこと、宗教面を含む統合的な人間育成などの特徴は、すべての学校に共通しています。

エスクリバー神父が帰天した時点で、オプス・デイの共同の使徒職事業として三つの大学がありました。スペインのパンプロナにあるナバラ大学、メキシコのメキシコシティ、グアダラハラ、アグワスカリエンテに分散してキャンパスを持つパン・アメリカン大学、そしてペルーにあるピウラ大学です。ドン・アルバロは、それらの教育機関は、「神を信じることは、現実を追求し人間生活を前進させる能力を麻痺させたり、阻《はば》んだりするものではないということを実証する」ために、真剣な研究を行う必要があると確信していました。そこで、ナバラ大学の名誉総長として、応用医学研究センターの設立を推進しました。世界に通用する研究センターとするためには、大学で手の届く範囲をはるかに超えた人材と財政的な投資が必要でしたが、ドン・アルバロはこの必要性を強く要求しました。国内および国際的な医薬品および医療機器企業との協力体制をとることによって、ようやく資金を調達することができたのです。現在では三百人以上の科学者や医師が、遺伝子治療、肝臓病学、心臓血管学、腫瘍学および神経科学を中心に研究に携わっています。

ドン・アルバロの奨励と支援のおかげで、コロンビア、アルゼンチン、チリおよびフィリピンに新しい大学が創設されました。また、ローマに大学レベルの、特にバイオメディカル・サイエンスを専門とする機関のプロジェクトに密接に関与しました。イタリアでは私立大学に対する法的環境は好ましくないにもかかわらず、オプス・デイのメンバーは、医学分野の友人や同僚たちとの協力で、医学部、大学病院、看護学校、生体医学および化学工学部を抱える教育機関をローマに設立することに成功しました。これらの教育機関のいずれも、いわゆる「カトリック」の教育機関ではなく、教育専門家たちによって設立され、運営されています。しかしこれらの学校はキリスト教の精神が根底に流れ、それは教会の奉仕という立場にありました。それらのどの教授陣に対して話す時でも、ドン・アルバロは「キリスト者として」教えることの重要性を強調しました。技術分野の人たちであっても教室に入る時に、キリスト者としての信念を置き去りにすべきではないと彼は常々語っていました。

## 教会への奉仕

ドン・アルバロは、教会のニーズに直接奉仕する多数の機関も推進しました。一九五〇年代から、エスクリバー神父は、世界中の司祭が深い祈りと犠牲の内的生活を送りつつ、教皇およびすべての教会との一致を深めて成長するように励ましながら、哲学、神学、教会法、およびその他の教会関係の科目を履修できる大学をローマに創設することを夢見ていました。

一九八三年にドン・アルバロは、やがては教皇庁立聖十字架大学となる大学を開設することによって、これらの夢の実現に向けて大きな第一歩を踏み出すことを決定しました。プロジェクトは気が遠くなるような課題でした。この数十年は司祭や修道者になる人の数も、可能性を潜める学生数もともに激減していました。ローマにはすでに多数の教皇庁立大学やその他の機関があり、それらの一部は何世紀にもわたる伝統や名声のある教育機関でした。教授陣を揃え、適切な空間を確保し、学生を見つけることには相当な努力を要しました。ドン・アルバロは次のように述べました。「困難にばかり目を向けてしまう偽りの客観性に気を取られてはいけません。……反対側には、もっと力強い神の恩恵があることを忘れてはいけません」。

単に新しい大学を創設する許可を得ることだけでも容易ではありませんでした。ドン・アルバロは、一時的な基盤としてナバラ大学の神学部後援でローマでもプログラムを提供することによって進めていこうと決めました。新しい機関はピアッツァ・ナボナに近いローマの中心部にある大きな歴史的建造物であるパラッツオ・デル・アポリナーレを借りる許可が下り、聖座との合意の下に場所を見つけるという問題は解決しました。

聖十字架ローマン・アカデミック・センターは、生徒四十人で一九八四年に開設されました。六年後には、教皇庁の学術振興組織となり、一九九八年には教皇ヨハネ・パウロ二世によって教皇庁立大学に指定されました。二〇一三年までに、この学院で八十一ヵ国から集まった学生千二十人が勉学に励みました。出身地の内訳は、ヨーロッパから約四百六十人、中南米諸国から百五十七人、カナダ、米国そしてメキシコから百三十七人（うち八十三人はアメリカ）、アジアから百二十一人、アフリカから百九人、オセアニアから六人となっています。

教皇ヨハネ・パウロ二世の要請でドン・アルバロは、一校はスペインのパンプロナ（一九八八年）に、もう一校はローマ（一九九一年）に、二つの国際神学校を創設しました。ナバラ大学の神学部と教皇庁立聖十字架大学で司祭になる勉強をしている青年に宿泊先を提供する以外に、これらの神学校は世界中の教区から集まる未来の司祭の形成のためのセンターも兼ねています。スペインのビダソアには当時十四ヵ国の四十六教区から百人の学生が集まりました。ローマのセデス・サピエンツィアには二十七ヵ国の五十八教区から八十六人の学生が集まりました。

中央および東ヨーロッパにおける共産主義体制崩壊直後の何年かにわたり、ドン・アルバロは、特にそれらの国の司祭や神学生がローマで勉強できるようになることに関心を持っていました。それらの国の教会は窮乏状態にあったので、学生はかなりの財政的援助を必要としており、ドン・アルバロはこの目的で資金集めのための国際基金制度創設の陣頭指揮を執りました。現在では、中央・東ヨーロッパ、アフリカ、南アメリカ出身のかなりの多くの学生が授業料と生活費の大部分を賄える奨学金を受給しています。

## 教会への個人的な奉仕

オプス・デイは教会に奉仕するために存在するとエスクリバー神父は何度も繰り返し述べていましたが、ドン・アルバロにとって、それはオプス・デイの活動の中心というだけでなく、個人的な活動にも反映させていました。オプス・デイを率いるという重責を担っているにもかかわらず、彼はバチカンのさまざまな任務を通して奉仕しました。一九八三年までは教理省の顧問、一九八二年以降は列聖省の顧問、一九八四年以降は広報評議会の顧問を務めました。しかし、最も時間を費やした任務は、教会法典改訂委員会の顧問で、これについては四つの研究グループに関与し、時には長文の報告書作成に携わることもありました。

教皇ヨハネ・パウロ二世によって、三回ほど世界代表司教会議（シノドス）への出席を依頼されました。一九八七年のシノドスでは、信徒の召命と宣教に関して、聖性への普遍的な招き、信徒による宣教の在俗的な性質、教会の交わりの必要性について話しました。司祭の形成に関するシノドス会議中、彼は「教会の奉仕者、人々の僕」として司祭について発表しました。彼と共に奉仕していた人の一人は、彼の介入を「聡明、相手を尊重する態度、そして教会の教導権の遵守」の模範として描写しました。

## 教会への愛

ドン・アルバロは、教会へ奉仕する新しいグループの台頭は「他の多くの人々を神に近づける」という意味だと言って歓迎しました。この喜んで迎え入れようという態度は、モンセニョール・ルイジ・ジュッサーニによって設立されたコムニオーネ・エ・リベラツィオーネとの関係にも反映されていました。当時、あるイタリアの教会関係者との間で問題があった時、ドン・アルバロは、支援を示す方法としてモンセニョール・ジュッサーニを二度ばかりオプス・デイ本部へ夕食に招き、モンセニョール・ジュッサーニが招集した懇談会にも参加しました。ドン・アルバロに宛てた手紙の中で、モンセニョール・ジュッサーニは次のように述べています。「あなたが常に私たちに示された繊細で効果的な愛徳こそ、啓蒙の動機となり模範です。あなたの助言とサポートを受け続けたいという希望が湧いてきます」。

教会への愛と司教という任務に対する神学的な理解のゆえに、ドン・アルバロは司教のために祈り、支援しようと努めました。エルサルバドルのオスカル・ロメロ司教暗殺の三～四ヵ月前、ドン・アルバロは彼に手紙を書きました。「聖なるミサで毎日あなたのため、またあなたが祈り、常にあなたの霊魂が実行している業のために必ず祈ります」。大聖堂と聖母マリアの礼拝堂を訪問した時、しばしば祈りと愛情を示して聖職についている友人に絵葉書を送りました。受け取った人たちは、こういったちょっとした友情の印にいかに喜びを感じたかを打ち明けています。

ドン・アルバロはまたオプス・デイのメンバー、友人、協力者に地元の司教と心を合わせるように励ましていました。一九七六年に叙階を控えたある青年に宛てた手紙の中で、次のように記しています。「信者の共通の父であり、パドレが常に呼んでいたように、この世での『キリストの代理者』であるローマ教皇と常に一致していてください。また各教区では深い愛情と尊敬の念を示して司教と一致してください。私たちの創立者が教区の司教に対して抱いていた神学的愛と人間的愛の両方の深い愛を忘れないでください」。

度々あった教区司祭との集いで、司教の意向のために毎日祈り、親愛の情と密接な協力を必要としている父と見做すようにと促しました。聖チプリアノの言葉、「常に司教と共に」を思い起こさせていました。

ドン・アルバロは修道会や共同体を高く評価し、好意を持ち、観想修道会のメンバーに対しては特別な親愛の情を抱いていました。オプス・デイのために祈ってもらうことを大きな喜びとしていました。ある時、誰かがオプス・デイの「力」について話した時、彼は「はい。私たちは多くの方に知られていない武器を持っています。私たちのために祈ってくださっている世界中の多数の観想修道者の祈りです。それが私たちの武器なのです」と答えました。

彼はオプス・デイのメンバーには「教会の偉大な宝である観想修道者のために祈るように。たくさんの召命があり、皆が聖であるように祈ってください」と促しました。特別なニーズのある修道会のために彼は何度も寄付を得ようしました。また、今日《こんにち》では十字架の聖テレサ・ベネディクタと呼ばれているエディット・シュタインを含む跣足カルメル会のたくさんの修道女たちの列福調査を特に支援しました。

多数の修道会が第二バチカン公会議の指令に従って、創立のカリスマを維持する一方、新しい条件を採用することによって直面している問題を解決するのを個人的に手伝いました。特に注目に値するのは、後にDaughters of Holy Mary of the Heart of Jesus（イエスの聖心の聖マリア会）となるまでのサポートでした。

一九七〇代後半から一九八〇年代初期にかけて、一九世紀にフランスで設立された修道会、Daughters of Our Lady of the Sacred Heart（聖心の聖母修道会）のスペイン管区長であるマリア・デ・ヘスス・ベラルデは、スペインの修道会が会のカリスマを忠実に守り、一致しつつ持続できる唯一の方法は独立することだと確信するようになりました。彼女は、最初は聴罪司祭であるヘスス・ソラノ神父の助けと指導を受けていました。

ソラノ神父の死後、彼女は援助を申し出たドン・アルバロに紹介されました。通常一時間ほどずつでしたが、九年間にわたり三十六回会い、百回以上電話で相談し、十二通ほど手紙を受け取りました。主にドン・アルバロの支援のおかげで、一九九八年に聖座は、聖心の聖母修道会のスペイン管区をDaughters of Holy Mary of the Heart of Jesus（イエスの聖心の聖マリア会）という新しい修道会に変更しました。現在はスペインだけでなくローマ、アメリカ、メキシコ、グアテマラ、エルサルバドル、ペルー、アルゼンチン、チリで活動しています。

オプス・デイ創立五十周年記念日に、ドン・アルバロは「聖なる教会への愛が、その精神の中心をなす側面」と表現しました。最も親しい協働者の一人が、時間をとられるのですが教会への奉仕となる職務を受諾すべきかどうか尋ねたことがあります。ドン・アルバロは「常に『はい』と言いなさい」と答えました。この答えに、彼が生涯実行した生き方が反映されています。

# 第十七章　大勢の人に手を差し伸べる

ドン・アルバロは、最初から、少人数の人々との団らんは、パドレとしてオプス・デイの精神を伝えるために重要だと考えていました。しかし、創立者は晩年には大勢の人々との集まりも持ちました。復活祭の時期にＵＮＩＶとして知られる国際学生会議に参加するためにローマに集まった学生たちとの集まりに端を発し、やがてはスペインやラテンアメリカにカテケージスに出かけた時などには、講堂または野外で、大勢の人たちとの家族的な雰囲気の集まりを持ちました。

この伝統を守り続けることには紛れもなく正当な理由があったのですが、ドン・アルバロは、最初は自分にできるとは思えませんでした。創立者は、特別に温かみのある声と社交的な性格に恵まれていて、何千人もの人々がいても一対一のように、人と接することができました。一方、後継者であるドン・アルバロは温かさと思いやりがあり話し上手でしたが、外向的な性質ではなく、どちらかというと恥ずかしがりやで内気、エスクリバー神父のように文学的で詩的な才能とか、間合いの良さとかドラマチックなセンスに富むタイプではありませんでした。

そのような不安をよそに、中央委員会のメンバーたちは、復活祭の時期にローマ教皇との謁見、そしてＵＮＩＶに参加するために、世界中のオプス・デイのセンターから集まってくる学生たちと集うという伝統を続けるよう促しました。ドン・アルバロは、それに同意しつつ「私に何かできるわけではありません。一人ひとりの霊魂に聖霊が働いてくれるでしょう」と言いました。スタイルも口調も創立者とは全く異なっていましたが、ドン・アルバロの学生との団らんは、家族の再会であるかのような親密さと温かさのあるものでした。若者たちは、ドン・アルバロの彼らに対する純粋な関心と愛情を感じ、彼らも同じように応じました。ある学生は「パドレが私一人に個人的に、私の心の中を真っ直ぐに見つめて、彼自身の人生の深みと厳しい要求を伝えようとして話しておられるように感じました」と語りました。オプス・デイのメンバーたちは、集まりの後、オプス・デイを家族だと一層強く感じるようになり、メンバーでない人たちは、キリスト者として自分たちの人生を改善しようと決心し、中にはオプス・デイあるいは他の形で使徒的奉仕の召し出しを見出す人もいました。

## 使徒職の旅路

大勢の人たちに話すのに必要な才能に欠けていると思いながらも、ＵＮＩＶの集まりの後には、ドン・アルバロが信じていたように、聖霊が自分の不足分を補ってくれるということを確認できました。「大事なことは」と聞いている人たちに言いました。「私が言うことではなく、あなた方の心の奥深くで聖霊に耳を傾けることです。私たちが聖霊に委ねれば、聖霊の働きが、私たちの魂を変えてくれるのです」。その後ドン・アルバロはいろいろな国を訪ね、できるだけ大勢の人々に形式にとらわれない形で会うという創立者が築いた伝統を継続すべきだと決心しました。その後の人生では、このような司牧旅行は、次第に彼の行動基準の中でも重要な一部を占めるようになっていきました。

当然のことながら他のどの地域よりもヨーロッパ諸国を頻繁に訪問しました。ヨーロッパへの司牧旅行は長期にわたることもありましたが、ほとんどの場合、オプス・デイのセンターを訪ねたり、メンバーと会ったり、どこかの会場で一、二回のやや大きな集まり程度という比較的短い旅でした。

ヨーロッパ以外の諸国への訪問では、大勢の人々との団らんが多く、長期にわたる旅となりました。アメリカ大陸諸国を数回訪問しました。まずは、一九八三年にオプス・デイが属人区として承認されたので、聖母マリアに感謝を捧げるため、グアダルーペの聖母巡礼が目的でした。メキシコへの途上、カナダに二日滞在しましたが、大半はメキシコで、四月二十七日から五月二十三日まで滞在しました。

グアダルーペのバシリカで、感謝のための九日間の祈りを捧げましたが、その二日目、バシリカの修院長は、聖母のご絵が安置されていて訪問者たちがガラス越しに口づけすることができる小部屋へと招いてくれました。深く感動して、ドン・アルバロはご絵の手と足に口づけしましたが、自分は顔に口づけするにはふさわしくないと思うと言いました。エチェバリーア神父が、でも聖母は私たちの母ですと言うと、ドン・アルバロは頬に愛情を込めて口づけしました。

九日間の祈りの後、メキシコシティとメキシコの他の都市から集まった何千もの人々と団らんを持ちました。また特別に必要だと思われる人々とは、個人的に会う時間を設けました。脳腫瘍で麻痺していて話すことができないオプス・デイのメンバーと会った時、「あなたの目は神を愛している、オプス・デイを愛している、パドレを愛している、兄弟たちを愛していると語っています。私は毎日あなたのことを思い出します。毎日、あなたのために祈ります。私たちはお互いに必要としています。私はあなたを必要とし、あなたは私を必要とします」と挨拶しました。帰り際に、明るく穏やかでいるようにと言い、「あなたは本当にそのようです。あなたの目に、神に対する愛、召し出しに対する愛、パドレに対する愛がうかがえます」と付け加え、聖なる十字架に口づけしているのだと言いながら、彼の額に口づけしました。

メキシコを発つ日、グアダルーペの聖母へ最後の訪問をし、「お母さま、ご記憶だと思いますが、創立者のパドレはあなたの取次ぎをお願いに参りました。今私たちはそのお礼を申し上げに来たのです。創立者のパドレは、あなたのご絵の前で、『お母さま、私はもうこれ以上のことはお願いしません。あなたが私の願いを聞き入れてくださったとわかっているからです。すべてをあなたに委ねます』と言って九日間の祈りを終えました。あなたは、私たちの願いをお聞き入れになりました。私たちはすべてをあなたに委ね続けます。オプス・デイ全体を代表してお礼を申し上げるとともに、私たちが忠実でいられるように見守ってください……。私たちのお母さま、あなたの慈しみ深いまなざしで私たちを見つめてください。あなたは、私たちを見つめてくださっています。私たちはそれに気づいています。私たちの霊魂の奥深くそれを感じています。そして、あなたを深く愛しています」と声に出して祈りました。

メキシコ訪問後、グアテマラとコロンビアに立ち寄り、最後にニューヨークを訪れました。ニューヨークではクック枢機卿と会見し、聖パトリック大聖堂で祈り、オプス・デイのメンバーや彼らの友人と懇談しました。アメリカ合衆国は善きにつけ悪しきにつけ、偉大な影響を及ぼしていることに触れ、最近ポーランドを訪問した際に、共産政権によって強いられた無神論的物質至上主義のみならず、アメリカ人旅行者たちの行動に見られる実際的な物質至上主義の影響を垣間見たことを詳しく述べながら、要点を説明しました。「私は愛を込めて、皆さんはこういったことに対応すべきだと伝えるために来たのです」。さらに「皆さんは、この偉大なアメリカ国家がキリストの善きパンとなるように大勢の人々を発酵させるパン種でなければなりません」と述べました。

アメリカ大陸諸国への初めての訪問で、ほんの一握りほどのグループから何千人に至るグループまで、百五十以上のグループの人々と話しました。七十に近い年齢で、健康状態も優れないドン・アルバロにとっては厳しい旅でしたが、人々の回心や、より真面目に信仰に生きる決心、あるいは、一生を神に捧げる召し出しの霊的な実りによって支えられている様子が窺《うかが》えました。

＊＊＊

一九八七年には、ドン・アルバロは一ヵ月以上にわたり、アジアおよびオセアニア各地を訪問しました。シンガポール、香港、台湾、韓国、日本での団らんの参加者のほとんどがキリスト教信者ではありませんでした。ドン・アルバロは、キリストと教会の信仰を強調しながらも、時折、彼らに備わっている自然徳に対して称賛の意を表しながら親愛の情を込めて話しました。例えば台北では、経済的な奇跡をもたらすほどの勤勉さやもてなしの心、その他の美徳について称賛しました。一方で、また「唯一の真の光であるキリストの光が、この偉大な国のすべての人々に届くように」という希望も表明しました。

＊＊＊

一九八八年一月十七日から三月十一日までという最も長期にわたる司牧旅行となったカテケージスは、カナダ、アメリカ合衆国、プエルトリコへの旅で、メキシコにも（主にグアダルーペの聖母の礼拝堂を再び訪問するため）立ち寄りました。アメリカでは、オプス・デイのセンターのある全都市、つまりボストン、ニューヨーク、ワシントン、マイアミ、ヒューストン、ロスアンジェルス、サンフランシスコ、シカゴ、セントルイス、ミルウォーキー、そしてピッツバーグを訪れました。このような旅は最善の条件にあっても長くて疲労困憊《こんぱい》するものですが、真冬のカナダおよびアメリカ中西部への旅では、高速道路や空港が閉鎖されるといった猛吹雪にも見舞われました。しかしドン・アルバロはすべてを当然であるかのように受け容れました。

ボストンではハーバード大学とＭＩＴ大学のキャンパスを見学して、ドン・アルバロは、経済力も限られたオプス・デイはこのような環境で一体何ができるのかと、自問したくなるような誘惑に駆られたと述べました。そんな時、エスクリバー神父が一九五八年にロンドンで経験したことを思い出しました。大銀行や国際企業の蓄積した富と権力を見て、「私にはできない」と思ったのですが、主は「お前にはできないけれど、私にはできる」とお答えになったのです。

「私たちは何をすれば良いのでしょう?」ドン・アルバロは尋ねました。「このような偉大な機関を構成する人たちがもっと神に近づき、もっとキリスト教的精神を持つように、私たちは地の塩でありパン種になる努力をしなければなりません。そうすれば私たちはこの国家と全世界に偉大な奉仕をすることができるでしょう」。

旅の間、繰り返し話題となったテーマは、家族と子どもの出産に心を開くことについてでした。ロスアンジェルスでは、経済的理由で子どもの出産を延ばすというのは、経済的に豊かな国で起こりがちだと示唆しながら、この質問を取り上げました。そして聴衆に向かって「皆さんに教会の真の教義をいずこにも広めるようにお願いします。避妊薬や道具を使って命の源泉を断つのは正当なことではありません」と訴えました。

おそらくアメリカの大きさと影響力の大きさのゆえに、多くの召し出しが必要であると通常以上に強調したと思われます。シカゴでは、最も好きな射祷は何かと尋ねられ、「この巨大な都市、莫大な国を見るにつけ、とても良い射祷は、パドレが『道』に書かれたように『イエスよ、人々を……、使徒となる人たちをお送りください。あなたのため、あなたの栄光のためです』」と答えました。

＊＊＊

ドン・アルバロの最後の大旅行となったのは、一九八九年の三十日以上に及ぶアフリカ訪問でした。彼の健康状態が懸念されるため、またアフリカ内で一つの国から他の国への移動が困難なため、その都度、ローマに帰り、ケニヤは四月一日から四月十日まで、ザイールとカメルーンには八月二十二日から八月三十日まで、コートジボワールは十月十四日から十月十九日まで、ナイジェリアは十一月九日から十一月二十日までと結局四回に分けての旅となりました。

ナイロビでは、首長として迎えられ、自分の民を守ることを象徴する盾《たて》と槍《やり》、そして後に来る人のために道を切り拓く首長の義務を象徴するハエ払いの贈呈が行われました。ナイロビでの最初の大勢の集まりの冒頭では、内的生活と使徒職において大胆であるようにと聴衆を激励しながら、「愛する人の家に辿る道には山が立ちはだかることはない」というケニヤの諺《ことわざ》を引用しました。

ケニヤおよびその他に訪れたアフリカ諸国では、貧困を取り除くために、また民族や部族間の分裂を克服するために努力する必要があると強調しました。「私たちは誰をも理解し、愛さなければなりません。もし私たちが神から多くの物をいただいたら、困っている兄弟たちを助けるためにそれらを使わなければなりません」。「同じ部族仲間や同国民に特別な親愛の情を持つのは当然のことですが、私たちは人間的な現実の中で超自然的な現実を築かなければなりません。特定の部族に属しているからといって、他の人たちから離れてしまうべきではありません。ある部族に属しているのは現実ですが、さらにその上にキリストを置かなければなりません。そうすれば私たちの心は広がり、すべての部族がその中に収まるでしょう」と述べました。

ドン・アルバロは、教皇と彼自身がアフリカに大きな希望を抱いていることを主張しました。「教皇様は皆さんに多大の期待を寄せています」。「あなたたちは、未来の大陸に住んでいますが、もっと主に捧げることが必要です」と述べました。

エスクリバー神父の帰天後、数年間に、ドン・アルバロは三十六ヵ国以上の国を訪問し、年齢層や文化や社会的条件の異なる何十万人の人たちと話しました。「私にとっては、ローマで一日仕事をする方が、このように異なった国々で一年中説教するよりも大変です。多くの人々と接し、神がいかに彼らの気持ちを駆り立て、神へと引き寄せられるかを見るのは、とても喜ばしいことです」と話したことがあります。本気でそう言ったに違いありません。しかし大陸を渡り、大聴衆の面前で一日に何度も話すことから来る疲れは、体力的に深刻な影響を及ぼしました。最後のアフリカ訪問の終わり頃には、ドン・アルバロは七十五歳になり、健康状態も万全ではなくなっていました。事実、彼は帰天を迎える寸前まで、ヨーロッパ内を広範囲にわたって訪問し続けましたが、大陸間を横断する旅ができるほど壮健ではありませんでした。

# 第十八章　庭師、そして教皇の友

ドン・アルバロは、性格的に少々内気ではありましたが、生まれつき友好的で、友人になれば、その人がキリストにより近づくように助けることができると考えていました。また一時的な友情ではなく、学生として、陸軍将校として、エンジニアとして、若い司祭として築いた友情は、多くの場合、全生涯を通して保たれました。

友人にはさまざまな人がいました。ヴィラ・テベレが工事中の十年間、ドン・アルバロは建設会社の社長、レオナルド・カステリと親しくなりました。ドン・アルバロは注文の多い顧客で、ほんの小さな間違いさえも見逃そうとはしませんでした。それでもカステリの家族と親しくなり、助言者、霊的指導者を務めました。かつてドン・アルバロが入院した時には、カステリ一家が見舞いに来て、レオナルドは入院費用を払うと言い張りました。その後レオナルド自身が致命的な病気だと診断された時、家族はドン・アルバロに病者の塗油を頼みました。

パリのノートルダム大聖堂を訪ねた折に、若いアフリカ人に出会い、少し会話を交わしました。この若者はドン・アルバロと文通し始め、後に司祭になる決心をしました。現在、彼はカナダで司祭を務めていますが、事務所の壁にはドン・アルバロの写真を飾っていて、親愛を込めて「パパ！」と呼びかけています。

ドン・アルバロには、仕事を通じて知り合った多くの友人がいます。カステリ家が住んでいたビルの門番は、ドン・アルバロがビルを出て行く時、必ず妻、子どもたち、孫たちを呼んで挨拶をさせるようにしていました。長年ドン・アルバロの司祭服を仕立てていた人は、妻と娘と共に通夜にやって来て、ドン・アルバロは、神を愛するように、また会う人々に神について話すように、いかに励ましていたかを述懐していました。門番や他のバチカンの職員は、自分たちが退職した後も、街で見かけると駆け寄って来て挨拶したものです。

ドン・アルバロが何年間かにわたり数ヵ月ずつ過ごしたコンファレンス・センターで働いていた庭師のマノロは、まるでドン・アルバロの家族の一員であるかのように感じていたと語りました。彼が仕事を始めた最初の日、ドン・アルバロは自己紹介し、マノロは家族の一員だと言い、仕事で汗だくであったにもかかわらず、彼を抱きしめました。「まるで全生涯を通じて私を知っていたかのように話してくださいました」と庭師は思い出話をしました。マノロが重病を患った時、ドン・アルバロは毎日彼のために祈り、その後、会う度に具合はどうか、医者は何と言っているのかと尋ねていました。ドン・アルバロの帰天後、マノロは「私は以前にも増して友として見つめ、いろいろなことをお願いします」と述べました。

エスクリバー神父の糖尿病の治療を担当した専門医は、非常に不愉快な人とまでは露骨に言わないまでも、風変わりで社会的品位に欠け、会話を続けるのが難しい人でしたが、この専門医が生涯を閉じるまで、ドン・アルバロは彼を友人のうちの一人として数えていました。時の経過と共に、この専門医の友人たちは次第に離れて行き、夕食に招いたり、招待を受けたり、忍耐強く彼の持論に耳を傾けたりするのはドン・アルバロだけとなりました。

第二バチカン公会議開催中に、ドン・アルバロは、多数の司教および公会議の専門家たちと親しくなりました。多くの人々が生涯を通して彼と交流しました。カナダのエドゥアルド・ギャグノン枢機卿は次のように記しました。「初めて会った時から感じたアルバロ・デル・ポルティーリョ司教に対する尊敬と感謝の気持ちは、時の経過とともに深まり、やがて真の尊敬に変わっていきました。当時、彼との出会いは私の霊的生活に非常に役立ちました。今日、この模範的な牧者は、私にとって霊感を与えてくれる源です……。私は彼の前ではいつも小さく感じましたが、しかし強められもしました。なぜならば、神は最も小さい者を使って最も偉大なことを成し遂げられるということを思い出させてくださったからです」。デル・ポルティーリョ司教の追悼ミサでボストンのロー枢機卿は、「私はローマでよく彼から厚遇を受けました。非常に愛情の深い人でした。一緒にいる時はいつでも、家族の一員のように感じました」と述べました。

## 教皇たちの友

ドン・アルバロのいろいろな人たちとの友情の逸話だけで一冊の本が書けるほどですが、これから教皇たちとの友情に視点を向けてみましょう。

オプス・デイ創立の当初から、エスクリバー神父はその著『道』に「すべての人を、ペトロと共に、マリアを通して、イエスのもとに」（『道』833）と記しているように、教皇のために熱心に射祷を唱え、メンバーたちも祈るようにと導きました。教皇が誰であろうとも、教皇との一致はオプス・デイの精神の中心を成しますが、ドン・アルバロの教皇たちとの付き合いは、特に教皇ヨハネ・パウロ二世との場合、温かい個人的な友情が滲み出ていました。

ドン・アルバロがオプス・デイの総長としてエスクリバー神父の後継者となった時、教皇パウロ六世とはローマで初めて会った一九四三年以来、すでに三十二年間にわたって友情関係が築かれていました。一九六三年六月にモンティーニ枢機卿が教皇に就任された時、この友情は新しい意味合いを帯び、そしてドン・アルバロが「教会の小さな一部」つまりオプス・デイの総長となった時、再びその形が変わったのです。

教皇代理としてエスクリバー神父の通夜に出席した国務省次官は、「教皇パウロ六世は、霊的に同席し、教会の『忠実なる息子』であり、キリストの代理人でもある遺体のそばで祈っている、と言われた」とドン・アルバロに伝えました。また国務省長官から、教皇は創立者の霊魂のために祈るとともに、オプス・デイの全メンバーに祝福を送る旨の電報が送られてきました。ドン・アルバロは、教皇パウロ六世へ宛てたお礼状の中で、「教皇様、最愛なる創立者の墓前で、私たちは皆、彼の精神に忠実であること、そして教会と教皇に命を捧げるという決意を新たにしています」と約束しました。

オプス・デイ総長としてのドン・アルバロの教皇パウロ六世との最初の謁見は、一九七六年三月五日に行われましたが、一時間以上にわたりました。謁見の内容の一部について、オプス・デイのメンバーに話す許しをいただいた彼が語ったのは、「オプス・デイの創立者は、教会の歴史の中でも最も多くのカリスマを受け、神の賜物に最も寛大に応えた人の一人である」という教皇の言葉に大きな喜びを感じたということです。教皇は、オプス・デイの創立者に関することは「オプス・デイだけではなく、教会全体の宝」なので、何もかも必ず書き留めておくようにと励まされました。

教皇への愛のゆえに、ドン・アルバロは教皇の意向や悩みに共感を覚えるようになりました。教皇パウロ六世が、不従順を理由にフランスのルフェーヴル大司教の職務を一時停止しなければならないと知った時、ドン・アルバロは教皇の苦しみと教会に与える弊害を思い、心を痛めました。翌朝、国務省長官に、オプス・デイはこのような難しい状況下にある教皇に一致して、教皇のために祈っていることを伝えて欲しいと電報を打ちました。数日後改めてこの思いを手紙にしたためました。

一九七七年の教皇パウロ六世の八十歳の誕生日に、ドン・アルバロは心温まる手紙と共に『道』の初版を一冊送りました。一九七八年の聖週間にパウロ六世は健康状態が優れず、水曜日恒例の謁見は取りやめられました。その時ドン・アルバロはＵＮＩＶの大会のためにローマに集まっていた数千人の大学生たちに、聖ペトロ広場に行き、部屋の窓から教皇の祝福を受けるようにと促しました。ドン・アルバロは、教皇は大勢の若者たちを見てきっと元気づけられるに違いないと確信していたのです。

一九七八年六月十九日、ドン・アルバロは教皇パウロ六世と再び個別謁見の機会に恵まれましたが、この時も一時間以上にわたりました。教皇が、教会と教皇のために創立者のお墓の前で祈って欲しいと頼まれた時、ドン・アルバロは、ヴィラ・テベレに戻り次第そうすると応えたところ、教皇は、「いいえ、まず食事をとらなければなりません。今日中にしてくだされば良いのです」と言われました。

ドン・アルバロがオプス・デイの総長であったということと、多くの場合、長年の友であるという理由で、コンクラーベ直前の数日間は、多数の枢機卿がローマに滞在している好機を利用して彼に会いにやってきました。八月十六日には、クラクフのヴォイティワ枢機卿は、広報評議会のアンドルゼイ・デスクル司教と共に、ドン・アルバロ、ホアキン・アロンソ神父、ハビエル・エチェバリーア神父とヴィラ・テベレで会食をしました。ヴォイティワ枢機卿と同様に、ドン・アルバロが親しくしていたデスクル司教は、第二バチカン公会議の期間中にお互いに自己紹介し合っていたようでした。

翌日、ヴィラ・テベレでの会食へ招かれた客は、ベニス総大司教区のルチアーニ枢機卿でした。教区で行っているオプス・デイの活動のことをよく知っている枢機卿は、数週間前、オプス・デイの創立者について「既婚者にも霊的目標を示し、伝統的な壁を乗り越えさせた革新的な司祭」という小記事を発表したばかりでした。以前にドン・アルバロは「彼は何とすばらしい教皇になられることでしょう！」と付け加えて、オプス・デイの数人の娘たちにルチアーニ枢機卿のために祈るように頼んでいました。

会食後、聖体訪問をした時、ドン・アルバロは、総大司教に一八八〇年にベニスで開かれたコンクラーベで教皇に選出されたピオ七世の所属品であった跪《ひざまず》き台を使うよう勧めました。この跪き台は、後に元ベニスの総大司教であった教皇聖ピオ十世が所有していた物で、彼のご家族からオプス・デイに贈られた物でした。ルチアーニ枢機卿が跪かれた時、ドン・アルバロは「これがお告げでありますように」とコメントしました。

コンクラーベの初日、ドン・アルバロはローマ近郊にある聖母マリアの礼拝堂を訪れ、将来の教皇のために祈りました。翌日、白煙が昇った時、まだ誰が選出されたのか知らないうちに新教皇のために跪いて祈りました。

新しく選出された教皇ヨハネ・パウロ一世に宛てた手紙に次のように書きました。「教皇様の選出が決まる数日前、私をはじめとしてオプス・デイのメンバー全員は、将来の教皇様のために熱心に祈っていたことを個人的に教皇様にお知らせできることに喜びを感じるとともに光栄に存じます。これまで同様に、今ここに、創立者の模範と教えに従って、私たちは毎日、神と聖母マリアに教皇様と教皇様のすべてのご意向のために、同じ熱意を持って祈り続けることを約束いたします」。

ドン・アルバロは、ルチアーニ枢機卿が選出されたので大喜びでした。なぜならば新教皇は教会の長年にわたる試練に終止符を打つために神によって選ばれたと確信し、またオプス・デイと創立者のことを高く評価されていたからです。選挙の直後に、ヨハネ・パウロ一世は、ドン・アルバロにオプス・デイの法的地位に関する問題の解決を望んでいること、修道者省にその作業に着手すべく指図したことを非公式に伝えました。

選出後わずか三十三日後、九月二十八日の教皇の突然の逝去は、ドン・アルバロにとって大変な打撃で、涙を流さずともそのニュースに悲しみを覚えました。亡くなった教皇のために、また彼の後継者のために祈り、オプス・デイのメンバーたちに「聖霊がイエス・キリストの聖心と一致した教皇を与えてくださるように自分たちの呼吸さえも捧げて祈るように」と求めました。

## 教皇ヨハネ・パウロ二世

ドン・アルバロは、枢機卿たちがヨハネ・パウロ二世の名を選んだヴォイティワ枢機卿を選出したというニュースに喜びを隠せませんでした。選挙の翌日、ドン・アルバロは、その時重度の脳卒中で入院中のデスクル司教の見舞いに行きました。彼が部屋を出た時、友人であるデスクル司教の見舞いに来たヨハネ・パウロ二世と偶然出会い、驚き、同時に新教皇に温かく抱擁されて感激しました。二日後、ローマの外れにあるメントロレラの聖母の聖堂を訪れました。そこはヴォイティワ枢機卿がよく訪れていたことを知っていましたので、そこから教皇に絵葉書を送り、オプス・デイの信者は、毎日オプス・デイの総長の意向、つまりそれはキリストの代理人のために祈るということで、毎日何千回ものミサを捧げていると書きました。数日後、教皇ヨハネ・パウロ二世に宛てた手紙の中で、「オプス・デイは、ペトロの後継者の手中で善き道具である以外に何の意図も望みもありません」と付け加えました。

絵葉書と手紙に感動した教皇ヨハネ・パウロ二世は、十月二十七日に感謝の気持ちを表すために個人的に電話をくださいました。その時も他の時もそうでしたが、ドン・アルバロは教皇と電話で話す時は跪きました。同様に彼はバチカンの庭園で教皇に出会うことがあれば、通り過ぎられるまで跪いていました。

十月二十八日、教皇ヨハネ・パウロ二世は「謁見ではなく、家族の再会」と称してドン・アルバロを非公式な懇談に招かれました。数日後、ドン・アルバロは、オーストリアにいましたが、オプス・デイのメンバーたちが教皇のために祈っていることや、仕事を捧げていることを詳しく書き送りました。それから数週間後、教皇ヨハネ・パウロ二世は、再びドン・アルバロを非公式な懇談に招かれました。

クリスマスが近づくと、ポーランドでは聖ニコラスの祝日に、親戚や友人にオレンジを送る習慣があることを知りました。その日、ドン・アルバロはオレンジとチェンストホーヴァの聖母の画像つきの司牧杖、サンタクロースの形をしたチョコレートとエスクリバー神父の著書数冊を教皇に持参しました。十二月十八日にお返しに果物の入ったバスケットと手書きで祝福の言葉が書かれた写真が教皇ヨハネ・パウロ二世から送られてきました。二日後には、教皇からオプス・デイのメンバーたちに配布できるように署名入りのクリスマスカードが送られ、その翌日、パネトネというイタリアの伝統的なクリスマスのパンが贈られてきました。元旦には教皇ヨハネ・パウロ二世はドン・アルバロの二人の補佐官の一人、アロンソ神父を会食に招待されました。食事中、教皇は、新年はオプス・デイに必要なものはすべて神様が与えてくださるようにという祈りも付け加えられ、オプス・デイのために乾杯されました。

ドン・アルバロは、教皇のこのような親愛の情に非常に感動しました。というのも、聖ペトロの後継者であるということと併せて、新教皇は聖人であると確信していると何度も繰り返して話していたからです。「キリストの代理者を愛する気持ちにさせる神学上の信仰とは別に、教皇ヨハネ・パウロ二世は、心のこもった善良な人で、とても感じが良いので、接する人の心を捉えます」と一部のメンバーに語りました。

教皇ヨハネ・パウロ二世の方からすれば、ドン・アルバロの友情、支持、そして司牧的な熱意を高く評価していました。ある日、会食の席で、ドン・アルバロが人々をゆるしの秘跡に近づけさせることの重要性について話しました。教皇ヨハネ・パウロ二世は、笑顔で同意しながら「あなたは、自分の一生をかけて全力で愛する人々の霊魂の世話をしていた、私たちの古き時代の善良で情熱的な司祭たちを思い出させます」と述べられました。

## 教皇を支えて

教皇ヨハネ・パウロ二世は、祈りや犠牲だけでなく行動面でドン・アルバロのサポートを頼りにすることができると気づきました。ですから、例えばクラクフ大司教として彼の後継者が聖ペトロ広場で叙階される日が近づいた時、教皇は、ポーランドは遠いので出席者の数が恥ずかしいほど少ないのではないかと心配しました。そこで彼はドン・アルバロにローマにいるオプス・デイのメンバーに出席するよう勧めて欲しいと頼みました。ドン・アルバロは、そのように手配し、オプス・デイのメンバーが自分ではなく新大司教に注目するように叙階式への出席を控えました。

教皇ヨハネ・パウロ二世は、ローマの大学で勉強している大勢の若者たちと接触する方法の一つとして、大学生たちのために特別ミサの計画を希望しました。大学付き司祭たちは、ほんの少しの学生しか出席しないだろうと言いましたが、ドン・アルバロは熱心で、オプス・デイは全面的に支持すると約束しました。オプス・デイのメンバーや使徒職を通じてつながりのある学生たちがクラス仲間に配布できるようにと招待状を印刷することを提案しました。またオプス・デイの司祭たちが、ミサの始まる数時間前から聖ペトロ広場で告解を聴くことも提案しました。第一回のこの大学生のためのミサは、多数の学生が出席し、大勢がゆるしの秘跡に与る機会を得て大成功でした。

教皇はこのミサの数時間前から、誰か来るかどうかと窓から見ていたと後になって明かしました。最初はバスが来ないので心配しましたが、しばらくすると、少人数ごとのグループが続々と到着し始め、ミサの時間には大聖堂が一杯になりました。以来、ヨハネ・パウロ二世は、増え続ける大学生たちのために年に二回、学生のためのミサを挙げ続けました。

また教皇ヨハネ・パウロ二世は、ローマの街中で過去百年間なかった聖体行列を行うことを希望しました。これにも多くの人は懐疑的でした。ローマ市が許可を与えるかどうか疑問な上、許可が下りたとしても参加者は少ないだろうと思われたのです。ドン・アルバロは、熱心な支持を示して、オプス・デイのメンバーや友人にも参加するように奨励するばかりでなく、自ら行列に参加しました。今日では、これはローマの恒例行事となりました。

一九八〇年にＵＮＩＶ大会でローマに集まった学生たちが教皇ヨハネ・パウロ二世に謁見中のことでしたが、「聖母のお姿が見当たらないのでこの聖ペトロ広場は未完成ではないか」とある学生が意見を述べました。教皇は「そのとおり。広場を完成すべきです」と答えました。しばらくしてドン・アルバロは、何枚かの建築スケッチとモザイクの写真を教皇ヨハネ・パウロ二世に送りました。一九八一年五月の教皇の暗殺未遂事件後まで返事はありませんでしたが、ヨハネ・パウロ二世は聖母のご加護に対するお礼の意味で、広場に聖母のご絵を置こうと決心し、ドン・アルバロの提案は承認されました。十二月八日、教皇は、教会の御母の大きなモザイクを祝福しました。それは現在広場を見下ろしています。その数日後、プライベートの聖堂で共にミサを捧げるためにドン・アルバロを招き、ミサの後、朝食を共にしました。

教皇ヨハネ・パウロ二世は、在任中に百四十七回にわたり外国を訪問されました。ドン・アルバロは教皇の司牧旅行の成功を祈りましたが、教皇が訪問される国に住むオプス・デイのメンバーに対しては、教皇様のために祈り、温かく迎え、彼のメッセージを喜んで受け容れるようにと促しました。特に教皇を温かく歓迎しないのではないかと思える所では、教皇の滞在先の戸外でセレナーデを歌ったりして、目に見え、耳で聞こえるように教皇への愛を示すようにと勧めました。

一九八九年、ドン・アルバロは教皇が到着される少し前にスウェーデンに到着しました。オプス・デイのメンバーや協力者そして彼らの友人たちとの集まりで、「教皇様のメッセージが良く理解できるように、多くのカトリック信者たちにゆるしの秘跡に与ることを勧めるように……。でも、ここではほとんど誰一人ゆるしの秘跡に与かろうとしません、とあなたは言うでしょう。彼らの救いのために共同責任があるのですから、ぜひ、ゆるしの秘跡に与るように強く勧めなさい」と呼びかけました。

また、教皇が非難や攻撃の的になった時には、ドン・アルバロは彼自身とオプス・デイの教皇に対する支持を表明する努力をしました。例えば一九九三年の道徳的原則についての回勅『真理の輝き』が非難の的になった時、ドン・アルバロはそれを解説する記事をいくつか出版し、オプス・デイのメンバーに回勅を支持するよう促しました。教皇に、回勅を支持するいくつかの記事を添えて、回勅に感謝する手紙を送りました。

## 個別謁見

教皇ヨハネ・パウロ二世の長い教皇在位中に、二人の友情は次第に深まっていきました。二人は公的にも度々謁見しましたが、非公式にはさらに頻繁に会いました。ドン・アルバロはローマを離れる時、度々、教皇に旅の祝福とこれから出会う人々のための祝福を願いました。ヨハネ・パウロ二世は、共同司式でミサを捧げるために彼を招き、食事にも誘ったりしました。またオプス・デイの生活において特別な日を留意され、例えば、一九八九年にはエスクリバー神父の誕生日にドン・アルバロを夕食に招待しました。共同司式とかグループの会議以外に、教皇とドン・アルバロとの懇談は四十八回にも及んだと言われています。ドン・アルバロの誕生日に、ヨハネ・パウロ二世からお祝いの言葉や小さなプレゼントが贈られるのは珍しくなく、ドン・アルバロも教皇の誕生日や重要な記念日にはしばしばお返しをしました。

＊＊＊

だからと言って、ドン・アルバロは教皇と共にいることに慣れてしまうことはありませんでした。非公式な発言にすら細かい注意を払いました。例えば、エスクリバー神父の誕生日のお祝いの食事の席で、教皇ヨハネ・パウロ二世は「あなたがたが出かけて行って実を結び」（ヨハネ15・16）というキリストの命令を特にオプス・デイに適用してそのまま繰り返されました。ドン・アルバロは、直ちにメンバーに次のように書きました。「これは使徒たちとすべてのキリスト者に対するキリストの命令ですが、教皇様は、これを特に私たちに向かって言われます。出かけて行きなさいというのは行動を起こすことであり、利己主義を棄てて、他の人々に尽くし、魂を探し求め、使徒職をしなさいという意味です。この世におけるキリストの代理者によって再び宣言されたかのように心に響いた今日、キリストの命令を成し遂げるのです」。

ドン・アルバロが司教に叙階された後のことですが、ある謁見の終わりに、教皇ヨハネ・パウロ二世にちょっとだけで良いので、自分の司教の指輪をはめてくださるようお願いしました。教皇はそのとおりにしてから、指輪を返しました。ドン・アルバロは、「この指輪は、神の現存を意識するのに大変役立ちます。なぜなら、これは私のオプス・デイとの一致の象徴だからです。これは、私が教会と教皇への愛のためにオプス・デイの奴隷であり僕であるということを象徴します。しかし今、指におつけくださったので、教皇の現存を意識するために大きく貢献します」と言いました。後になって、オプス・デイの一部のメンバーに「以前は、教皇様のために常に祈っていたが、今は、常にその何倍も祈っています」と話しました。

## 教皇、狙撃《そげき》される

一九八一年五月に起こった教皇の暗殺未遂事件は、ドン・アルバロにとって大打撃でした。教皇と面会できないと知りつつも、その日の午後病院を訪ねました。またオプス・デイのメンバー全員に、教皇のためにミサと聖体拝領、犠牲を捧げるよう求めました。五月十九日、国務省長官代理に「私たちは悲しみの真《ま》っ只中《ただなか》にいる今、唯一できることは、祈ることのみです。主に、そして聖母に、この世で最も愛する教皇様のために祈るだけです」と書き送りました。

教皇の入院中、ドン・アルバロは、できるだけ毎日聖ペトロ大聖堂に行き、彼のために祈りました。途中、車の中でロザリオの喜びの神秘を唱え、広場でしばらく立ち止まり、教皇の部屋に向かって使徒信条を唱え、帰り道に苦しみの神秘を唱え、家に帰ってから栄えの神秘を唱えていました。

教皇ヨハネ・パウロ二世は最初の回復の後、六月には再び入院しなければなりませんでした。ドン・アルバロは、祈りを倍加しました。七月十五日には教皇を訪問することができました。ドン・アルバロは高熱に苦しむ教皇に、「その苦しみは聖母からの抱擁のようなもので、神にもっと近づけるからです」と話し、さらに、「もし病気が宝だとすれば、教皇様の病気は教皇様と教会にとってもっと豊かな意味を持ちます」と付け加えました。教皇は「私も全く同感です」とお応えになりました。

二人の親しさを示す他の例を挙げれば、ドン・アルバロが教皇と夕食を共にしていた時のことですが、教皇ヨハネ・パウロ二世が「あなたは悪魔を見たことがありますか？」と尋ねられ、「いいえ、教皇様。でも私は毎日悪魔に触れます」と答えると、教皇は、「同じことが私にも起きます」とお応えになりました。

この友情は時には明るく心を許し合った者同士のものでした。ある時、ドン・アルバロは、教皇ヨハネ・パウロ二世に、「エスクリバー神父は外套に包まれて教皇様と一緒にロザリオを唱える姿を想像することがよくありました」と話しました。教皇ヨハネ・パウロ二世は「後継者もそうしますか」と尋ねました。「後継者も同様にしますが、外套は着ていません」と答えました。別の機会では、マザー・テレサも同席していた日のことですが、教皇ヨハネ・パウロ二世は、二人に向かって「どうして報道陣はいつもマザー・テレサのことを褒めるけれど、オプス・デイや私のことは良く言わないのでしょうね」と尋ねました。

一九九二年七月に教皇ヨハネ・パウロ二世は良性腸腫瘍ということで、またもや入院することになりました。ドン・アルバロは、スイス訪問からスペインに到着した時に入院の知らせを受けました。健康状態がすぐれず旅の疲れも感じていましたが、直ちにローマに帰ることに決めました。息子は病気の父親の傍らにいるべきだと説明しました。空港で、オプス・デイのメンバーがドン・アルバロの疲労に気づき自分をもっといたわるべきだと言いましたが、「息子よ、事実私は本当に疲れ切っています。でも義務を果たしたいのです」と応えました。

### 教皇の願望を実行する

ドン・アルバロは、オプス・デイの長を務めた間、それが教会全体に関わることであろうと、特にオプス・デイに関わることであろうと、常に教皇の望みを実践して応えることを切望していました。極東に、しかもできるだけ早く中国にオプス・デイが存在するようになることを熱望していることを教皇ヨハネ・パウロ二世に話したところ、教皇は特にスカンジナビアが気がかりだと言われました。そこでドン・アルバロは直ちにその地域に焦点を置き始めました。数日後、オプス・デイのメンバーに送ったクリスマスカードに、将来、その地域でオプス・デイの使徒職ができるように特に祈ることを要請しました。まもなくドン・アルバロは可能性を探るためにノルウェー、フィンランド、スウェーデンおよびデンマークを訪問し、オプス・デイの将来の使徒職のために祈りました。カトリック信者があまりいない国にオプス・デイが根ざすのはいかに難しいかよくわかっていましたが、そのような障害は教皇の望みと比較すると問題にはなりません。北欧諸国に最初のセンターが開設されると、注意深く見守り、まるでひな鳥を励ますように真冬ですら何度も訪問して、徹底的に個人的な支援の手を差し伸べました。

北欧でのこのような取り組みは、教皇ヨハネ・パウロ二世のヨーロッパおよび北アメリカの再福音化の呼びかけに対するオプス・デイのさらに大きな応えの一角を成しました。教皇からオプス・デイの協力を依頼された時、ドン・アルバロは、直ちに海外の統治機関のメンバーにその意向のために祈るようにと頼みました。一九八五年十二月に長文の司牧書簡をしたため、メンバーと協力者が教皇の望みを真剣に受け止め、使徒職に対する努力を倍増するようにと励ましました。ドン・アルバロは、オプス・デイの使徒職に刺激を与えるために何度もヨーロッパを巡りました。彼はヨーロッパとアメリカでの新しい取り組みを計画するために、一週間に及ぶ会議をローマで二回、スペインでも同じような会議を二回開催しました。

一九九四年、ドン・アルバロが帰天する少し前、教皇ヨハネ・パウロ二世は、カトリックの人口がわずか二パーセントという地理的にも辺鄙《へんぴ》で、主にイスラム教徒国の中央アジアに位置するカザフスタンで、オプス・デイの使徒職を開始することを希望されているということを知りました。ドン・アルバロも他の協働者も、活動を開始しようなどと思ってもいなかった場所でしたが、教皇の意向を知った以上、どうすれば早急に活動を開始できるか調査をするように指示しました。

ドン・アルバロは、一部のグループによって、彼の教皇に対する揺るぎない忠実さが批判されているであろうことはわかってはいましたが、彼にとっては何の苦にもなりませんでした。ある時、「人によっては、教皇を礼賛している……と言う人がいるかもしれないけれど、私たちは人々がどう言おうとかまいません。私たちは神の子であり、また教皇様は全キリスト信者の共通の父なので、同時に教皇の子でもあるということを理解していることを誇りに思います」と言いました。

# 第十九章　安全な拠《よ》り所を見つける

ドン・アルバロの主な責任の一つは、オプス・デイの総長となり、オプス・デイにふさわしい法的地位の認可を獲得する創立者の遺志を引き継ぐことでした。しかしながらオプス・デイの法的地位の変更を直ちに要請することは、後継者が不適切にも改革を試みようとしていると、創立者の努力を知らない人たちによる誤解を招く恐れがあるのではないかと心配しました。教皇パウロ六世との初回謁見の時、しばらくの間は何もしない方が賢明だと考えていると述べ、それに対して教皇は同意されました。しかし一九七八年六月の謁見では、この件を進めるようにと促されました。ドン・アルバロは、時は満ちたと賛同しましたが、正式な要請を提出する前に教皇パウロ六世が帰天されたのです。

## 初期段階

この件を進めていくようにと奨励された教皇の死は、明らかに一歩後退を意味しましたが、ルチアーニ枢機卿――教皇ヨハネ・パウロ一世――が選出されたことによって希望が持てました。教皇に選出された数日後、新教皇はオプス・デイの法的地位を迅速に解決したいという望みをドン・アルバロに非公式に伝えられました。また修道者・在俗会省に対して、この件について即座に調査を開始するように促されました。ドン・アルバロは祈り、メンバーにも祈るようにと呼びかけました。

教皇ヨハネ・パウロ一世の予期せぬ死は、ドン・アルバロにとってまたしても打撃ではありましたが、創立者から学んだ短い祈りの言葉「すべては善のために」、つまり聖パウロがローマで初期キリスト者に忠告した「神を愛する者たち、つまり、御計画に従って召された者たちには、万事が益となるように共に働く」（ローマ８・28）の一節を何度も繰り返しました。

ヴォイティワ枢機卿の選出は、新しい励ましの源となりました。三～四週間後、国務省長官は、ドン・アルバロに「教皇はオプス・デイの法的地位の問題解決は延期することはできないほど急を要すると考えている」と伝えました。長年にわたって求められていた法的解決はすぐにも実現しそうに思えましたが、その後四年にわたり落胆と祈りと犠牲と作業が続いたのです。

## 後退

オプス・デイ女子部の創立五十周年の準備にあたり、ドン・アルバロはオプス・デイの新しいマリア年を発表しました。ローマにいる時は、毎日聖母に捧げられた教会へ行きロザリオを唱えました。ローマ以外を旅する時には、聖母に捧げられた地元の教会や礼拝堂を実際に何百ヵ所も訪れ、オプス・デイのメンバーにこの意向のために祈りと犠牲を捧げるようにと繰り返し頼み続けました。

一九七九年一月初め、ドン・アルバロは修道者・在俗会省に対して、司教省を含む聖座の他の組織にオプス・デイの法的な変更を依頼するために連絡をとる許可を求めました。許可を得た上で、正式な依頼を提出しました。ところが六月に司教省のメンバーである枢機卿たちは、その変更は正当ではないという結論を下しました。厳密には、その決定は“dilate”すなわち、無期延期するという形がとられたのです。ドン・アルバロはそれによって落胆することはありませんでした。教皇ヨハネ・パウロ二世に宛てた七月十三日付けの書簡で、“dilate”（延期）というのは作業を停止せよという命令としてではなく、調査を続け、その規約を準備するようにというオプス・デイへの招きだと解釈していると伝えました。

新しい法的地位を得るためにさらに熱心な努力を怠りませんでした。彼の後継者であるエチェバリーア司教によれば、それは「数々の面談、諸国への旅、本件を研究しなければならない人のために彼らの決定に干渉することなく課題を明確にすること、とりわけ、多くの祈りと罪への償いを常に喜びを持って実行する」努力の積み重ねだったと述べています。さらに、「ドン・アルバロと接した人たちは、彼は親近感に溢れ、飾り気がないだけでなく、唯一の目標は神へ栄光を帰することと教会に仕えることだというプロジェクトを提案している人の剛毅を感じていた」とエチェバリーア司教は付け加えました。

やがてドン・アルバロは、さらなる研究が必要だということを同省に納得させるのに成功しました。それどころか省の長官であるバッジョ枢機卿、ウィーン大司教であるケーニッヒ枢機卿を熱烈な支持者に転換させたのです。後にケーニッヒ枢機卿は次のように書いています。「最初、それは単なる突然の思いつきにすぎないと思い、教会の中で別の法的な道を開く必要はないと思っていた。それにもかかわらず彼の説明のおかげで、オプス・デイは新しい現象で、法的に適合する新しい枠組みが必要だと気づいたのである。仲間の枢機卿の間でも、私はドン・アルバロの意図するところの擁護者と見做されるようになった」。

## 新たな難題

バチカンでの調査が早速開始されるや否や、司教省の次官が「極悪非道」と表現したほど新たな問題が浮上しました。誰かが省から多数の文書を盗み出し、文脈を外れてある部分だけを抽出し、偽りのイメージを作り上げ、しかも偏った視点からの情報を世界中の司教や新聞社に流したのです。それは、まるでオプス・デイは「教会内の小さな教会」といった「普遍的な司教区」になることによって、一見、司教の管理から免れ、司教に指示すらしようとしているかのように思える内容でした。

司教省は、オプス・デイの組織が存在する国に在住するすべてのバチカン代表者に文書を送り、このような行為に対する遺憾の意を表し、本件を明確にしました。ドン・アルバロは、冷静かつ精力的に対応し、教会のリーダーを訪問し、惑わされたかもしれない司教に対しては状況をどう説明すべきかについて世界中のオプス・デイのディレクターを指導しました。とりわけ彼は祈り、他の人たちにも祈るように頼みました。ある親しい協働者の一人は「こういったことで何かが行われるといつでも、悪魔は憤慨し、阻止しようとするが、私たちは心の準備ができているし、祈り、祈り続けて前進するしかなかった」とドン・アルバロが述懐したことを思い出しています。エスクリバー神父の模範に倣って、発生した事件の責任者のためにも祈りました。「もしも誰か私たちを虐待する人がいるとすれば、私はその本人も恩人の一人と見做します」と説明しました。

## さらなる研究

このように妨害があったにもかかわらず、十一月、聖座はドン・アルバロの提案でさらにこの課題を研究するために三名のバチカン代表者と三名のオプス・デイ代表者からなる合同委員会を設置しました。一年間にわたり、委員会は二十五回にわたって会議を開き、六百ページに及ぶ報告書を作成し、司教省長官が一九八一年四月四日にヨハネ・パウロ二世に提出しました。教皇は五月十六日までに回答すると約束しましたが、五月十三日、ファティマの聖母の祝日にサン・ピエトロ広場で狙撃《そげき》されるという不測の事態に陥りました。

回復は順調ではなく、六月二十日に教皇は再度入院しなければなりませんでした。入院中、教皇は「暗殺事件前に委員会の報告書に目を通したが、八人の枢機卿で構成される高官による特別委員会で調査することを望んでいる」と司教省長官に伝えました。

ある匿名のグループが、再び省から文書を盗み出し、それを「バチカンで働くオプス・デイのメンバー」のせいにして、英語でパンフレットを作成するために利用しました。そのパンフレットを世界中の司教に送りオプス・デイは「並列する教会」となろうとしているとオプス・デイを繰り返し非難したのです。

再びドン・アルバロは、提案された規約は特別委員会によって研究されており、委員会は、オプス・デイを属人区にすることによって司教との関係が変わるものではないことを明確にしていると指摘して、忍耐強く仕事を進めました。当時、ドン・アルバロの近くにいたオプス・デイ女子部のあるディレクターは、「このような辛い状況の中にあってさえ、決して困難を引き起こした原因や当事者に対して苛立ったり、憤慨したりすることはありませんでした。それらは逆にすべてをもっと完全に神のみ手に委ね、オプス・デイの信者たちが祈り、ゆるし、これらの出来事を超自然的な見方で捉えるために役立つ良い刺激となったのです」と回想しています。

この頃課題の進捗状況について尋ねられると、ドン・アルバロの答えは最初からの彼の姿勢を反映させるものでした。「息子たちよ、順調にいっています。なぜならば主は最善の父であり、善良な父親はいつも息子の願いをかなえてくださるからです。父は最初の瞬間から私たちの祈りに応えてくださいました。でも価値の高いものはその代価も大きいのです。もしも神が、時に私たちにすでに与えてくださったことの具体的な実現を延期されるとすれば、それは私たちを試し、私たちの信仰、希望、愛をさらに強め、謙遜さを浄化し、精神を強められるためです……。大変順調にいっていますよ。私たちはたくさん祈っています。主が与えるのを延期される場合、それは大変良いことなのです。なぜならば私たちがもっと神に近づき、一致するからです。実現するまで、この全員一致の嘆願が天国まで届くように願い続けましょう」。

この嵐もまた過ぎ去りました。一九八一年九月二十六日に枢機卿の委員会は好意的な報告書を発表しました。十一月初旬、教皇ヨハネ・パウロ二世は、オプス・デイが活動している司教区の司教に伝えた後、司教省長官にオプス・デイを属人区にすることを決定したと伝えました。この情報は三十九ヵ国二千人余りの司教に伝えられ、そのうち約四百人がその後六ヵ月の間に回答してきました。三十八人のみ異議を申し出るか、いくつかの点について明確にすることを要求してきました。バチカンの慣習ではその必要性はなかったのですが、ヨハネ・パウロ二世は、各質問に対して、司教省長官の署名で返事を出すようにと依頼されました。

## 認可

一九八二年八月五日、ついに教皇は予定どおり進めていくことを決断したとバッジョ枢機卿に伝えました。枢機卿は八月十九日に教皇の決定をドン・アルバロに正式に通達しました。唯一残された手順は、日付を決めバチカンの新聞オッセルバトーレ・ロマーノ紙に記載する正式な解説を準備することでした。ドン・アルバロは、この決定が、聖座との関係に関する仲介者である聖ピオ十世の祝日の八月二十一日に発表されることを希望していましたが、当日になっても発表はありませんでした。ですからオプス・デイの重要な出来事の多くは聖母マリアの祝日に起こっていたので、ドン・アルバロは自信を持って翌日、天の元后聖マリアの祝日に発表されるものと期待していました。ところがその日が来ても発表されませんでした。ドン・アルバロのまわりの人たちは心配し始めましたが、彼は冷静さを保っていました。ついに八月二十三日にバチカンは正式に発表しました。

ドン・アルバロと一緒に仕事をしていた誰かが、発表はそれらの二つの祝日のどちらにも出されず、「単なるいつでも良いような日」にされたのは不思議に思えると述べました。「息子よ、いいえ、そうではないのです」とドン・アルバロは答えました。「その日は、単なるある日というわけではありません！　その日は、パドレが神からの言葉を聞いた記念日なのです。これこそ私たちがずっと待っていた神の偉大ないつくしみなのです」。十一年前の一九七一年八月二十三日に、エスクリバー神父は心の中で Adeamus cum fiducia ad thronum gloriae ut misericordiam consequamur（信頼して栄光の座に慈悲を願おう）という言葉が聞こえてきたのです。「憐れみを受け、恵みにあずかって、時宜にかなった助けをいただくために、大胆に恵みの座に近づこうではありませんか」（ヘブライ4・16）という聖書からの引用で、聖書では「恵みの座」ですが、ここでは「栄光の座」と記されています。エスクリバー神父は栄光の座を聖母マリアと理解したのです。聖母マリアは長年にわたり自信を持って祈った祈りを聞き入れてくださったのです。

ところが再び遅れがありました。教皇の決定は発表されたものの、聖座は「技術的な理由」で文書の公式発表は遅れると述べました。ドン・アルバロは動揺しませんでした。九月二十九日に、彼はこの直近の展開は「一味添える一振りの塩で、聖なる十字架です」とバチカン関係者に書きました。

一九八二年秋にはオプス・デイに対する新しい中傷キャンペーンが始まりました。おそらく教皇の決定を覆そうとする企てだったのでしょう。目的はオプス・デイを当時イタリアの新聞の一面に掲載されていた二つのスキャンダルと結び付けることだったのです。一件は、何年か前に認可を失ったもののフリーメーソンのP2ロッジは秘密の営業を続け、多数の犯罪と関係しているとして告訴されていること。もう一件は銀行が倒産した後、死亡が確認された頭取ロベルト・カルヴィの殺人事件でした。オプス・デイが関わっているという申し立ては事実無根なのですが、新聞に繰り返し報道されました。ドン・アルバロは「明らかに、悪魔が水をかき回したいようだ」と述べました。

彼は一層の祈りを呼びかけました。「私たちは百メートル競走の最後の数センチの段階にいます」と女子部の人たちに話しました。十一月十八日に彼は九日間の祈りを開始して聖母マリアに捧げられた聖堂や教会を訪問し、オプス・デイが属人区となる認可をお願いしました。「もしも九日間の祈りの終わりに最終段階にまだ入っていない場合は」と彼は続けました。「『御旨が行われますように』(マタイ6・10)を祈り続けなければならないというサインでしょう。私たちは祈り続け、『神はいかに善良な御方か。私たちがもっと祈るようにさせられる』と言い続けます」。ついに十一月二十六日、バッジョ枢機卿はドン・アルバロに「教皇はオプス・デイの属人区を設置して、あなたを属人区長と呼びました」と伝え、正式な発表は翌日行われ、十一月二十八日付けのオッセルバトーレ・ロマーノ紙上で発表されました。

## 最終段階

一九八二年十一月二十八日付けのメンバーに宛てた長文の書簡の中で、ドン・アルバロは、オプス・デイが属人区として確立されたことで、たくさんの恩恵がもたらされ、特にオプス・デイの一致がさらに強められ、在俗性が再確認され、使徒職活動をしやすくなるなどといった点を強調しました。長期にわたった困難な過程それ自体も偉大な善であったと述べています。「『堅固で密で安全な』オプス・デイは、パドレと同じ意向で一致して祈り、苦しみ、希望し、働きました。そしてそれがオプス・デイにとっても教会全体にとっても多大な善となったのです。なぜならば、私たちを動かすのは唯一この善き母への奉仕の精神だからです」。オプス・デイに起こった他のことと同様に、希望と苦難のこれらの年月は、「私たちが創立者の良き息子たちになれるように神がお許しになったからです」とドン・アルバロは記しています。

オプス・デイが辛い過程の中から得た恩恵について、より具体的に詳細に述べています。「私たちは地上での報いを望むことなく、神のみに目を据えて働くことを学びました。理由はともあれ、私たちの道を理解しない人たち、あるいは理解したがらない人々を愛することを学びました。悪魔にそそのかされたか、単に誤ってか、私たちを非難するキャンペーンを行った人々を忍耐強く、そして気持ちよくゆるすことを学びました。主は、主のために働く人すべて――司祭、修道者、信徒を含む教会に奉仕する善良な霊魂に理解を示し、真の寛大さと犠牲を評価し、大いなる愛を示されました。主は私たちがもっと教皇を愛するように励まされました。創立者のパドレは教皇のためにどれだけ長時間祈っていたことでしょう。そしてオプス・デイ全体を『ローマ的』にしようとしたことでしょう。私たちはすべての司教様のためにもっと熱心に祈ることの必要性と義務を感じ、私たちは一致という大きな願望を持って、自分たちが働いている教区内で奉仕するために自己を捧げてきました」。

感謝の荘厳ミサの中で共同祈願には「すべての私たちの恩人、オプス・デイの道程を何らかの方法で妨げたり、困難に陥らせようとしたすべての人々のために――なぜならば創立者のパドレに倣って、彼らを心からゆるすのみならず、彼らも恩人だと見做すからです」というドン・アルバロの寛大な精神と一貫した祈りも含まれました。それに対する答唱は「恵み豊かな主よ、この地上の命を真の善で満たし、天の栄光を与えてくださいますように」でした。

オプス・デイとして、神と聖母への感謝の意を表すために、感謝の年が宣言されました。また教皇ヨハネ・パウロ二世にも感謝の意を表しました。「教皇様、ありがとうございます。なぜならば、このようにして私たちの聖性への道と普遍教会および小教区教会と司祭に奉仕する道をより確かなものにしてくださったからです。私たちはこの恩義に対し、より多くの祈りでお返しいたします。今後何年経っても、主がオプス・デイに導かれるすべての霊魂も同様にします」。彼はこの過程において任務を果たしたケーニッヒ枢機卿、ホフナー枢機卿、デスクル司教にお礼を述べるためにウィーン、ケルン、スイスを訪問しました。

最後に残ったのは小勅書と呼ばれる教皇の公文書の出版でした。今度は別の難題が浮かび上がりました。一九八三年一月後半、新しい教会法の出版に伴い、一部の教会法学者は、属人区の信徒は属人区のメンバーではないという考え方を踏襲しました。この解釈が主流をなした場合、オプス・デイの構造全体を弱体化させてしまいます。それゆえ、ドン・アルバロは「不正確な表現を含む小勅書」を「正すように」教皇にお願いする必要と、教皇の権限を傷つけることとなる旨の手紙を国務次官に書きました。

羊皮紙に手書きで書かれた回勅の最終版はドン・アルバロが心配していた「不正確な表現」はなく、三月初旬に最終版が完成し、一九八三年三月十九日に荘厳な式の中で公布されました。このようにしてオプス・デイの適切な法的位置づけを見つける何十年にもわたったプロセスにようやく終止符が打たれました。創立者はプロセスを開始しましたが、ドン・アルバロに任せました。彼の祈り、犠牲、剛毅、神と聖母への絶対的な信頼のおかげで、今や完結したのです。

数年後、属人区誕生を祝うメダルが鋳造されました。ドン・アルバロは、最初は創立者の隣に自分の横顔を入れたデザインを拒否しました。しかしながらハビエル神父がそれは継続性を強調する方法だと反論して、その結果、納得させることができました。「自分は恥ずかしいけれど、より重要性の低い姿はもっと重要な姿で影が薄くなるので、それで良いでしょう」とドン・アルバロは言いました。

## 属人区司教

属人区では司教区ではありませんが、教会の位階制度の一部を成します。そして属人区長の任務はいろいろな面で教区の司教の任務とよく似ています。オプス・デイが属人区になった直後、儀典長は、ドン・アルバロにバチカンの典礼儀式では司教と同様に胸に大きな十字架をつけ、指輪をはめるべきだと伝えてくれました。やがて彼は司教に叙階されるであろうという噂が広まり始めました。

噂を耳にして、ドン・アルバロは教皇との謁見を要請しました。二人が会った時、何年も何年もオプス・デイに適した法的形態を神がくださるように人々に祈りと犠牲を頼んでいたと述べました。「もしも私が今、司教に任命されたら、私が司教になるがために祈りを頼んでいたと、悪魔は一部の人に思わせてしまうかも知れません。それは間違っていますが、誰一人名誉を傷つけさせたくはありません。ですから、教皇様、それは受け容れられません」。もし、それでも聖座が、属人区長が司教になることが必須だと考える場合には、自分は辞任すると言いました。ヨハネ・パウロ二世は理解して、気にかけないようにと伝えました。

オプス・デイの属人区長が司教にならざるを得ない理由はあり、彼の後継者はそうなるように祈りましたが、自分は司教になるべきではないと考え続けていました。しかし一九九〇年後半に、教皇はドン・アルバロを叙階することを希望し、それを受け容れるようにと要請していると伝えられました。総代理は、これは個人的な栄誉ではなく、神への奉仕において属人区をより効果的にさせるものであることを強調し、また最初の属人区長が司教になれば、後任の属人区長も司教になりやすいと指摘しました。ドン・アルバロはその任命を受け容れる旨、教皇に手紙をしたためました。

ヴィラ・テベレに住むオプス・デイのメンバーに叙階について話す時、彼はまるで他人事のように伝えました。「属人区長が最高の叙階の秘跡を受けることになります。オプス・デイの長の上に、そして聖徒の交わりのゆえにオプス・デイ全員に新たに聖霊が降り注がれることになるのです。それによって世界中でオプス・デイが推進されることになるでしょう。それは偉大な神からの賜物です。なぜならば属人区長は司教団の一部を成すこととなり、使徒の後継者となるからです」。

一九九一年一月六日、ドン・アルバロは教皇ヨハネ・パウロ二世によって聖ペトロ大聖堂で他の十一人と共に司教に叙階されました。諸聖人の連祷の間、床に平伏している間に彼は次のように考えました。「私たちは哀れむべき虫けらであり哀れむべき罪人だ。しかし聖霊が私たちの上に降り、使徒の後継者となるために必要な剛毅を与えてくださる」。さらに熱心に祈り、「私たちが忠実でいますように、忠実でいますように」。翌日荘厳ミサでの説教の際にも同じことを強調しました。「唯一価値あることは、主に『はい』と答えた時と同じ気持ちで生活することです。神に忠実になる決心をしましょう」。

# 第二十章　創立者の列福

エスクリバー神父の傍らで長年共に暮らしたドン・アルバロは創立者の聖性を確信していましたが、帰天後、次から次へと送られてくる手紙を読めば読むほどその確信は強まってきました。彼は偉大な聖人であるという声が何通も何通も世界中の人々から届きました。

## 第一段階

エスクリバー神父の帰天当時の規則下では、列福調査は、帰天後五年間は行われませんでしたが、その間にさまざまなことをしなければなりませんでした。ドン・アルバロの指示により、創立者の写真と簡単な略歴入りの私的信心の祈りのカードが印刷されました。多数の言語で印刷され、世界中に配布されました。ドン・アルバロは、エスクリバー神父の取次ぎによって受けたと思われるお恵みを記録しておくことが重要だと強調しました。やがて数々の証言が次から次へとローマに送られてきました。小さなことで特筆する必要はないと考えられる証言も多数ありましたが、本当に驚くような出来事や奇跡と考えられる証言がたくさん届きました。

ドン・アルバロは、後に列福手続きの主唱者となったオプス・デイのイタリア人司祭であるフラヴィオ・カプッチ神父を責任者とするチームを編成しました。チームは、発刊済みおよび未発刊の創立者の著書や通信文、他人が記録した彼の説教のメモ、団らんや他の機会に話した内容、彼の生活に関わる証言、彼を知っていた人の回想録など列福調査開始のための文書を収集し、索引を作成しました。最初からそれは膨大な作業だということは明らかでしたが、その大変さは、時間の経過とともにますます明白になっていきました。

当時、列福に適用される教令は、調査開始には多数の司教、教会の責任者による聖座への要請を必要としました。多数の枢機卿と司教たち、創立者を知っていた人や創立者について、あるいは著作について知っているさまざまな背景の人々が、誰からともなく教皇に列聖要請の手紙を出しました。しかしドン・アルバロは、オプス・デイのメンバーがメンバー以外の人にも要請してもらうよう頼んでいくことを提案しました。例えば、彼はオプス・デイ最初の三人の司祭の一人であるホセ・ルイス・ムスキス神父にシエラレオネ、リベリア、コートジボワール、ガーナ、アッパー・ボルタ（現在のブルキナファソ）の司教を訪れて、創立者について語り、聖座に手紙を書くことを提案するように依頼しました。[10]

## 列福調査開始

一九八〇年にオプス・デイは列聖省に対してエスクリバー神父の列福・列聖調査開始を正式に請願しました。通常このような場合は荘厳ミサとプレス・リリースで祝うのが習慣でしたが、ドン・アルバロは、個人および連帯的な謙遜というオプス・デイの精神を保つためにそのようにしない方がよいと考えました。彼はむしろ「教会とオプス・デイにとって良いことなので、黙して、神に感謝する」方を好みました。

列福および列聖のプロセスの最初の段階は、主にその故人を知っていた人から証言を収集することでした。創立者は人生のかなりの期間をスペインで過ごし、ほぼ三十年間、ローマで過ごしましたので、証言を得るためにローマに一つ、マドリードに一つと、二つの列聖請願事務所が設置されました。九十二人の証人のうち半数以上はオプス・デイに属していませんでしたが、彼らは証言のために呼び出されました。二つの法廷では、証言を聴取するためにほぼ千回のセッションが開催されました。ドン・アルバロが提供するであろう情報の量を考慮して、ローマの審査委員会は、証言を口頭ではなく書面にすることに決定しました。それは印字すると二千ページ以上になりました。他の証人の証言の記録は一万一千ページ近くにも及びました。三百九十の公有のアーカイブと私有のアーカイブに保管された文書は十六巻にもなりました。創立者の著作は説教や他の話の転写を合わせると一万三千ページにまで及びました。

情報収集の段階は一九八六年十一月に終了しました。その後、聖座はドミニコ会司祭に委託し、提唱

10　やがて六十九人の枢機卿、二百四十一人の大司教、九百八十七人の司教、さらに四十一人の宗教団体の総長だけでなく、国家の元首、世界的文化、技術、科学、金融関係機関のリーダーや一般市民から書簡が寄せられました。

者とともに、創立者の生涯と諸徳をいかに生きたかについて膨大な報告書が作成されました。収集された資料の量は膨大でしたので、ドン・アルバロは神学者、教会法学者、歴史家の専門家、コンピューターの専門家から成るチームを結成し、情報科学の専門家の助けを得て、正式な報告書の作成を支援しました。彼は作業の進捗状況を常に把握し、作業の種々の段階で厳しい締め切り日を設定しました。一九八八年六月、六千ページの報告書が完成しました。列聖省長官のパラジッニ枢機卿は「比類ないほど厳密な方法論」の産物と称し、これほど「完全で、広範で、分析的な」文書は前例がないと述べました。さらにこの作業に関与した一人ひとりが、ドン・アルバロの配慮と関心、設定した高い基準に応えたのだと言わんばかりでした。

列聖省は報告書を審査後、創立者は英雄的な諸徳を生きたと宣言する教令を発表しました。ドン・アルバロは大いに喜びましたが、オプス・デイのメンバーに伝えるに際しては、「決してそれによって虚栄心を煽《あお》るようになってはならない。これによって私たちはより責任感を持つべきです」と述べました。一九九一年七月、教皇によって承認された教令で、聖座は創立者の取次ぎによって奇跡[11]が起きたことを承認しました。

## 列福式

三～四ヵ月後、教皇は、列福式を一九九二年五月十七日に挙行する旨、発表しました。準備の一方法として、ドン・アルバロは、息子たちや娘たちが「個人的に回心する。決意を新たにする望みを持ち、聖母マリアと共に創立者の列福を生きていく」のを助けるために新しいマリア年を宣言しました。その後の何ヵ月間か、彼はこのテーマについてしばしば繰り返して述べました。三月には、ロザリオの神秘を解説する形で、召命への忠実を守るように詳細にふれ、百ページにも及ぶ司牧書簡を書きました。列福式の約一ヵ月近く前に、「この最終段階にあたり、これからの二週間、聖母マリアと聖ヨセフと手を取り合って、聖母マリアとの接し方に一層の努力を捧げるようにお願いします」。それは彼自身が実行した方法で、ある集まりの時に「祭壇に上げられる人とこれほど密接に付き合ってきたと思うと心が揺さぶられるような思いがする」と話したことがあります。

この式典の準備に細やかな配慮をして、ミサ中に信者が生き生きと歌えるように音楽を録音して世界中のオプス・デイのセンターに送りました。出席するほとんどの人が祭壇から離れていて座席も木陰もないとわかっているので、折りたたみの椅子、双眼鏡、厳しいローマの太陽を遮るために日傘を持参することなど細部にわたって心遣いを示しました。

＊＊＊

11　奇跡は、がんの転移、胃潰瘍、裂孔ヘルニア、貧血症などの複数の病気で苦しんでいたカルメル会の七十六歳のシスターが一九七六年に完治したことと関連します。左肩の腫瘍がオレンジ大まで膨れ上がり、医師は彼女が健康を取り戻すという希望を捨てていました。彼女の姉妹たちが聖ホセマリアに祈っているうちに彼女は完全に治癒したのです。

列福式までの何ヵ月かはドン・アルバロにとって喜びの時期ではありましたが、苦難も伴いました。小さいながらも発言力を持つ聖職者のグループが、創立者を列福するという教皇の決定を批判し、オプス・デイが列福の手続きを操作しているとしてオプス・デイを非難しました。ニューズウィーク誌や他のメディアはその批判に注目しました[12]。ドン・アルバロはいつもの平静さと落ち着きを保ち、キャンペーンの背後にある問題や反論を避ける一方、順を追って事実を明確にして対応しました。攻撃が特に激しかったスペインの地域代理に宛てた手紙の中で、彼は次のように書きました。「明るさと平静を保ってください。今、喜びのうちに、私たちが負わなければならない小さな十字架を背負っていきましょう。それ以上の証拠が必要ならば、私たちはパドレの聖性というもう一つの証拠をいただいているのです」。列聖手続きの提唱者が、キャンペーンの首謀者の一人であった元聖職者の死について告げると、ドン・アルバロは「彼の霊魂のために祈りましたか?」と尋ねました。

列福式当日は輝くような天候に恵まれた日でした。大変な群集——メンバー、協力者、オプス・デイの友人だけでなく、同じ儀式で列福されることになっていたシスター・ジュセッピーナ・バキータ[13]の称賛者などで、サン・ピエトロ広場はぎっしりの人波で、テヴェレ川まで続くヴィア・デッラ・コンチリアツィオーネまで溢れていました。三十五人の枢機卿、二百人以上の大司教と司教、それに三十ヵ国を超える国家から公式代表者も出席しました。

列福式の頃、ローマ司教区の優先課題は人口増加に伴って、ローマの外れに新しい教会を建設することでした。メンバーや協力者の寛大な協力のおかげで、ドン・アルバロは聖ホセマリア・エスクリバーに捧げる新しい教会の計画を教皇に提示することができました。

列福式の翌日、ドン・アルバロはサン・ピエトロ広場で感謝のミサを挙げました。場所は教皇ヨハネ・パウロ二世の提案によるものでした。ドン・アルバロはオプス・デイのメンバーに「私が頼んだのではありません。そのようなアイディアすら私には思いもつかず、オプス・デイのメンバーの誰一人そのようなことを考えつきもしませんでした。なぜならば、そのようなことは一度も行われたことがないからです。でも教皇様が考えつかれたのです」と伝えました。

ミサの終わりに、教皇はそこに集まった信者に挨拶するために広場を車で回られました。サン・ピエトロの入口に教皇ヨハネ・パウロ二世が徒歩で近づかれた時、ドン・アルバロは跪いて彼の手に口づけしようとしたところ、教皇はそうさせないで彼を抱きしめられました。式の最後に、教皇ヨハネ・パウロ二世は、「聖性の新しい模範と日常生活のあらゆる状況の中で、英雄的に諸徳に生きる新しい証」（*Christifideles laici*, n. 17）の必要性についてご自分の言葉でおっしゃいました。また福者ホセマリア・

---

12　批判というのは主に列福手続きの速度に重点が置かれていました。手続きは速く進められましたが、それは特に聖性という現代的な模範を世間に提示するために列福・列聖調査を進めるようにというヨハネ・パウロ二世の提案による手順の変更が反映されただけのことでした。

13　聖ジュセッピーナ・バキータは一八六九年にスーダンで生まれました。彼女は誘拐された後、奴隷として売られ、度々叩かれ、虐待されました。やがてはハルツームのイタリア領事に買われ、彼がイタリアに帰国の際、彼女を連れて帰りました。彼女は一八九〇年に洗礼を受け、一八九三年に修道院に入り、その後の一生をベニスの小さな町にある修道院で料理人、裁縫師、門番として働きました。彼女は優しく親切なことで知られるようになり、一九四七年に帰天しました。

エスクリバーを「日常の人間の活動の中におけるキリスト者としての英雄的行為」の模範と述べられました。翌日と翌々日の二日間にわたり、ローマのあちこちの教会で合計十八人の枢機卿、六十人の司教、何百人もの司祭によって、十三ヵ国語で感謝のミサが共同司式されました。

創立者の列福は、「ホセマリア・エスクリバーによって開かれた道は聖性への確かな道」として、教会の厳粛な確認を象徴するものでした。彼が批判され異端だとすら呼ばれた年月の間、エスクリバー神父と親密だったドン・アルバロにとって、それは計り知れない喜びでした。

# 第二十一章　最後の日々



ドン・アルバロは、一九九四年三月十一日に八十歳の誕生日を祝いました。誕生日を前に控えてオプス・デイの信者に送った書簡の中で、彼は自分を「貧しい物乞い」と呼び、「毎日の祈りという愛徳なしで私を放っておかないでください」と頼んでいました。当日彼が挙げたミサの説教では、「私は数え切れないほどたくさんのお恵みをいただきました、私の母、聖母の抱擁……。主よ、ありがとうございます！」と述べ、創立者のモットー〝nunc coepi〟（今、始める）を思い出しながら、次のように明言しました。「神とパドレの取次ぎに感謝します。そのおかげで、愛熱の火が私の心の中で燃えています。そのようなわけで、私はとても若々しく感じます……。年齢が若いということは単に生理学的なことであって、それほど重要ではありません。本当に大切なことは、オプス・デイにいる神の娘たちと息子たちが常に保っているべき内面の若さです。それは愛する人――神を愛している人――愛をもっともっと深めようと努力する人の若さです」。

## 聖地巡礼

彼は長年、聖地を訪問したいと思っていましたが、これまで機会がありませんでした。なぜならばエスクリバー神父の模範に倣って、清貧の精神とは、使徒職の理由がある時にのみ旅をするという意味だと考えていたからです。誕生日の少し前に、中央委員会のメンバーがエルサレムに開設されたばかりのオプス・デイのセンターを訪問していただくと助かりますと提案しました。それで八十歳の誕生日に近々聖地を訪問すると発表しました。詳細については他の人に任せ、「主がしばしば渡られたゲネサレ湖に行き、湖に舟を漕ぎ出し、祈りたい」ということだけ述べました。

三月十四日、ハビエル・エチェバリーア神父とホアキン・アロンソ神父の二人の補佐に付き添われてローマからイスラエルへ飛びました。聖地を訪れたことはありませんでしたが、新約聖書を六十年間毎日読み続け、福音書に書かれている場面に自分を置いて、福音史家が述べている出来事に加わる努力をしていたので、訪問予定の地は馴染み深いものです。

巡礼は身体的に無理もあり、時には疲れや息切れがうかがえました。しかし彼はまたキリストが生活し聖とされた土地にいることに深い喜びを感じました。主のご生活の場面を訪れ、ナザレトでは「ここでは神と話しやすく、私たちへの主の愛を考えやすいように思われる」と述べました。

巡礼は三月十五日にナザレトのお告げのバシリカで始まり、三月二十二日にキリストが聖体を制定した高間の教会でのミサで終わりました。三月十六日にはガリラヤ湖を訪れましたが、車の故障で到着が遅くなり、ドン・アルバロが望んでいたように午後の念祷を湖上ですることはできませんでした。しかし、いつものユーモアで小さな失望を受け容れました。そして、明日、湖上での念祷の計画を立てましょうかと尋ねられると、「いいえ、息子たちよ。それはただの思いつきにすぎなかった」と答えました。そして主がパンと魚の奇跡を行ったと言われている岩の近くの湖岸で念祷をしました。

三月十七日にはイエスが水をぶどう酒に変えたカナ、ペトロ、ヤコブ、ヨハネの前で変容されたタボル山を訪れました。午後にはエルサレムに戻り、カルワリオと高間（復活の教会）で祈りました。エチェバリーア司教が述懐していますが、「高間」はとても狭く、六人ほどしか入ることができませんでした。順番を待つ人の列に並んで入り、パドレが祈り始めました。その瞬間から、彼は私たち一人ひとりに神がどれだけのことをしてくださったか潜心して祈っていました。「高間」に入ると、キリストの体が置かれた岩が見えました。……パドレは手と腕と頭をその石に置いて跪き、祈りに浸っているのは一目瞭然で、その場を離れ難かったようです。……列を作って外で待っている人のことを考え、パドレに出発の時間だと促すまでは、しばらくの間そこに留まりました。翌日、ドン・アルバロはミサを挙げるために「高間」の教会に戻りました。そして高間、苦悶の教会、オリーブ畑でのご受難について黙想しながらその一日を捧げました。

三月十九日、聖ヨセフの祝日にはキリスト降誕の地ベツレヘムを訪れ、聖誕教会でミサを挙げました。その日遅く、メンバー、協力者、オプス・デイの友人たちとの団らんを持ちました。そこで声を大にして言いました。「信じ難い。聖地にいるとは……イエスが生まれ死去された地、地上の生活のほとんどの間、静かに、貧しい大工として働きながら隠れたご生活をされて過ごされた所にいるとは……」。

団らんに集まってきた人の中に、イスラエルで研修を受けている外国出身の警察官がいました。彼は教会や司祭を軽んじていたのですが、どちらかと言えば好奇心から招待を受けて来ていました。ドン・

アルバロのコメントと飾り気のない話し方に心を動かされた彼は、回心をして生き方を完全に変えたのです。

三月二十日にはドン・アルバロはマルタ、マリア、ラザロの故郷であるベタニア、そして聖母マリアが訪問したマリアの従姉妹であるエリサベトが住んでいたと考えられているアイン・カレムを訪れました。また彼はエルサレムのセンターの候補地を何ヵ所かと、コンファレンス・センターを建設できそうな郊外の候補地の下見に行き、午後には鞭打ちの教会で黙想をしました。

旅行中に彼が習慣的に行っていたように、時間を見つけてはカステリの家族を含めて友人に絵葉書を書いていました。ナザレトから、「アヴェ、マリア、恵みに満ちた方、主はあなたとともにおられます」というメッセージを添えて、お告げの洞窟の写真入りの絵葉書を世界中の地域代理に送りました。「この聖地で、私たちは全く特別な方法で一緒にあなたのために祈っています。あなたのパドレの抱擁と祝福を送ります」。

丸一日を過ごせる聖地での最終日の午後、ドン・アルバロは、数日後、ローマで開催予定の学生大会UNIVに出席する前に聖地巡礼に来ていたアメリカの数ヵ所のオプス・デイのセンターの学生グループと会いました。教皇のためにたくさん、そして彼自身のためにも少し祈るように頼み、各自にとってそれが何であろうと寛大に神のみ旨を果たすようにと激励しました。団らんの後、ある高校生は「私は聖人と一緒にいたような気がしました」と話しました。

旅は三月二十二日の高間教会でのミサでもって終了しました。それが彼の最後のミサとなったのです。彼は毎日そうしていたように教皇と教皇のご意向のために捧げました。後にエチェバリーア神父が回顧しています。「彼が信仰心を持って祭服を身に着けている様子を見て感銘を受けました。特に、深く感動し、潜心している様子が一目瞭然でした。深い信仰を持ってミサを挙げました。おそらく聖地を訪問して感動していたのもその理由の一つだったでしょうが、かなり疲れているということが明らかでした。間違いなく、本当に熱烈な愛を込めて、その一瞬一瞬を一生懸命生きていたと確信しています」。

明らかに疲れていたにもかかわらず、空港では典型的なイスラエルの長い出国審査にいつものように平静で、忍耐強く、ユーモアを交わしていました。彼の旅行のためにイタリア人の協力者が提供してくれた自家用機の機中では、乗組員とおしゃべりをしました。副操縦士が婚約していると知った時、フィアンセの写真を見せてと言いました。空港では、数家族が出迎え、花束を渡しました。彼は、直ちにそれを聖母マリアに捧げると言いました。ヴィラ・テベレに到着した時、中央委員会と女子中央委員会の人たちに簡単に挨拶をして、軽食をとり、良心の糾明をして就寝しました。

## 死

三月二十三日午前三時十分、彼は突然の激痛に襲われました。エチェバリーア神父を呼び、冷静に「心臓の状態がおかしい」と言いました。医師が大急ぎでかけつけ、容態は深刻だと気づき、その旨を伝えました。それでも彼は冷静さを失わず、ユーモアを交えて、医師が着ていたバスローブについてからかいました。エチェバリーア神父はゆるしの秘跡と病者の塗油を授けました。医師はできる限り手を尽くしましたが、無駄でした。午前四時に、彼はドン・アルバロの臨終を告げました。

午前六時半、エチェバリーア神父は教皇の秘書に電話で、教皇にドン・アルバロの死を告げてほしいと頼みました。教皇ヨハネ・パウロ二世は、ちょうど始めようとしていたミサをドン・アルバロの霊魂の安らぎのために捧げると言われました。同日、教皇はドン・アルバロについて、「司祭、司教にふさわしい熱意に溢れた一生、彼が常に捧げていた神のみ摂理に対する信頼と剛毅の模範、聖座への忠実、教会への寛大な奉仕、福者ホセマリア・エスクリバーの最も親密な協働者であり尊敬すべき後継者」と述べて哀悼の意を表されました。

ドン・アルバロは死について次のように述べたことがあります。「私たちが大きく飛躍する時、神は大きく抱擁して、いつまでも永遠に神の顔を見つめさせようと私たちを待っておられます。神は無限にすばらしい御方なので、私たちは永遠に新たな驚嘆を発見します。飽きることはなく私たちは満たされます。無限の甘美を味わうことに飽きることはありません」。それはおそらく現実で、この言葉どおりだったでしょう。

聖地からの絵葉書で、ドン・アルバロは教皇ヨハネ・パウロ二世の秘書に「聖なる教会への奉仕と教皇様のために fideles usque ad mortem（死に至るまで忠実で）ありたいという私たちの望み」を教皇に伝えるように頼んでいました。ドン・アルバロは死に至るまで、本当に忠実でした。

# 終章

二〇〇四年一月、オプス・デイの属人区長であったエチェバリーア司教とローマの教皇代理であったルイーニ枢機卿の要請により、列聖省はアルバロ・デル・ポルティーリョの列福と列聖調査開始を許可しました。ローマ司教区とオプス・デイ属人区は彼の一生についての証言を受け付ける列聖請願事務所を設置しました。二つの列聖請願事務所には三十人の枢機卿、十八人の大司教および司教、四人の司祭、一人の修道者を含む百六十八件の証言が寄せられました。

＊＊＊

二〇一〇年二月、準備の実務担当責任者であったフランシスコ会の司祭は、証人による証言および広範囲なアーカイブからの調査に基づいた二千五百ページにわたる正式な報告書 *positio* を提出しました。二〇一二年、報告書を調査後、まずは列聖省の神学顧問また同省の一員であった枢機卿および司教は、ドン・アルバロは英雄的に諸徳を実行したと結論を出しました。同報告書に基づいて、ベネディクト十六世は、同省に対してアルバロ・デル・ポルティーリョ司教の英雄的諸徳についての教令の発布を認可しました。

一方、省もまた彼の取次ぎによる奇跡的治癒について調査を開始しました。二〇〇三年八月、ホセ・イグナシオという名のチリ人の男の子は生後まもなく腸ヘルニアの手術を受けました。術中、外科医は、彼にはまた重大な心臓欠損があることがわかりました。二日後、再びその治療のため手術が行われました。手術は成功したのですが、彼は数日後、心停止となり、重篤な大出血にもみまわれ苦しみました。家族は必死でドン・アルバロに祈りました。医師は蘇生の努力をしましたが無駄でした。三十分以上経過した後、蘇生させる努力も中止し、母親に彼の死を告げました。ところが突然、ホセ・イグナシオの心臓はこれまで以上に強く鼓動し始め、やがて正常に機能し始めました。このような状況からして、医師は彼に重篤な脳障害が残る可能性を予想しましたが、彼は何らの後遺症も残さず、今日では健康な少年として正常な生活を送っています。

二〇一三年七月五日、教皇フランシスコはホセ・イグナシオの回復をドン・アルバロの取次ぎによる奇跡として認める教令に署名されました。これにより列福への道が確かなものとなり、二〇一四年九月二十七日にマドリードで列福式が挙行されたのです。

# 訳者あとがき

私は一九八七年二月十四日に芦屋でドン・アルバロに会う機会に恵まれました。とてもこの世の人とは思えず、天上の人としか思えないというのがその時の第一印象でした。

『サクスム』を翻訳する機会をいただき、文学の翻訳経験は皆無なのにもかかわらず、飛びついて着手したのですが、ドン・アルバロの生涯について読めば読むほど、その人柄と英雄的諸徳、神のみ旨を果たして聖性を求める姿に感動し、わずかでも見倣いたい、他の方にも伝えたいという気持ちにならないではいられませんでした。

出版にあたり、翻訳、校正にご協力くださった皆さま、特に監修に献身的にご尽力いただいた東野彰子様、そして教友社の阿部川直樹様にこの場をお借りして心より深くお礼申し上げます。皆さまのお力添えなくしては、日本語版の出版は実現しなかったことでしょう。「このような私をお使いになった主は、椅子の足ででも完璧な字をお書きになることを証明されました」(『神の朋友』117)という聖ホセマリアの言葉を実感しております。

二〇一七年五月十二日　福者アルバロ・デル・ポルティーリョの祝日に

感謝を込めて

宮代　泰子

著者

ジョン・F・カヴァデール

ニュージャージー州、シートンホール大学法科大学院教授。

1960年から1968年にかけて、オプス・デイ創立者の聖ホセマリア・エスクリバーと共に生活。その間、ドン・アルバロとも知り合った。

著作：*Uncommon Faith,* Putting Down Roots

訳者

宮代 泰子（みやしろ　やすこ）

青山学院大学英米文学科卒業。

現職、社長秘書、NAATI認定通訳・翻訳者。

1977年、シカゴでオプス・デイに出会い、カトリックの洗礼を受ける。現在シドニー在住。5人の母親。

サクスム　アルバロ・デル・ポルティーリョの生涯

発行日………2017年5月12日 初版

著　者………ジョン・F・カヴァデール
訳　者………宮代 泰子
発行者………阿部川直樹
発行所………有限会社 教友社
275-0017 千葉県習志野市藤崎6-15-14
TEL047(403)4818　FAX047(403)4819
URL http://www.kyoyusha.com
印刷所………モリモト印刷株式会社

ISBN978-4-907991-33-3 C3016